このまま使える!
子どもの対人関係を育てる SSTマニュアル

不登校・ひきこもりへの実践にもとづくトレーニング

Social Skills Training Manual

大阪府立子どもライフサポートセンター/服部隆志/大対香奈子 [編]

ミネルヴァ書房

推薦の辞

　本書は大阪府立子どもライフサポートセンターで平成19年度から7年間にわたり実施されたソーシャルスキルトレーニング（SST）のマニュアルです。支援の対象者は対人関係を最も苦手としている高校生年齢の子どもたちです。本書では日常生活に密着したSSTの開発と実施の全容が明らかにされています。本書を手にする人は，社会適応が困難な子どもたちの諸問題への理解を踏まえて，こうすれば子どもたちが苦手なスキルを練習しながら習得できる，こうすればロールプレイを交えて分かりやすく教えることができる，というような教育的アプローチの素晴らしさに気がつくでしょう。行動的なお手本を示し，参加者に練習の機会を設け，セッション終了時には今日はこれだけできた，という確かなフィードバックが得られるプログラム構成になっています。対人関係は苦手で不安，複雑な対人場面でどうしてよいか分からない，という悩みをもつ子どもたちも内心は友達を作りたい，自分の気持ちを言えるようになりたい，いやなときには断れるようになりたい，あるいは入学・就職試験の面接を乗り越えたいなどと願っています。本書のように初級，中級，上級レベルに分けて学校や施設のプログラムにSSTが組み込まれていれば，誰でもSSTに参加できるようになります。

　本書は理論と実践の見事な連携に基づいており，特に「実践編」では子どもたちの体験を反映した例が数多く示され，ソーシャルスキルが定着するように日常生活で練習するための工夫が凝らされています。指導者が何をどのように考えて指導案を作成すればよいかについてもヒントが豊富であり，参加者に合わせてプログラムを応用できます。本書のSSTマニュアルは，実践研究の積み上げに裏付けられたものであり，青年期の適応で困難を抱えている人たちに対して教育的あるいは臨床的な配慮が行き届いています。また，マニュアルに示されたSSTの視点は年齢にかかわらず幅広い層の人々に適用できます。

　編著者の大対香奈子氏と服部隆志氏を筆頭に執筆者全員がSSTのエキスパートであり，洗練されたマニュアルから実際のSST場面に充満する活発で和やかな雰囲気が伝わってくるようです。このSSTマニュアルを指導的立場にある方々に幅広く活用していただき，一人でも多くの若者の社会参加をサポートしていただけることを切に願っております。

関西学院大学文学部総合心理科学科名誉教授

松見　淳子

はじめに

　大阪府立子どもライフサポートセンター（以下，当センター）は，平成15年４月に開設された児童自立支援施設です。児童自立支援施設は「非行などの問題を抱える児童や，環境上の理由により生活指導が必要な児童」を入所・通所させて，自立に向けた支援をする施設です。全国58か所の施設のうち，２か所を除き国・都道府県・政令市が設置している施設です。そのほとんどは明治時代の感化法に基づき府県に義務設置とされた感化院から，教護院を経て，平成９年の児童福祉法改正に伴い現在の名称に改称されています。多くは創立されて100年を超えるという，それぞれがその歴史と伝統を誇る施設です。そのなかで，当センターは感化院・教護院をルーツにもたない唯一の施設として設立されたものです。

　当センターは児童福祉施設ではありますが，開設当初より中学校卒業後の高校生年齢児童を利用対象とし，不登校やひきこもり状態にある児童の自立支援を支援対象の中核に据えつつ，家庭や他の児童福祉施設で様々な不適応状況にある児童も受け入れてきました。いわば前記のような状況にある高校生年齢児童のセーフティーネットとしての役割をもつ施設といえます。

　当センターの支援プログラムは高校再受験や，高等学校卒業程度認定試験受験に向けた学習支援，就労自立に向けた職業支援，規則正しい日常生活を送るための生活支援の３つを中核にし，必要に応じて，情緒的問題や発達上の課題を抱えた児童への心理支援，家族再統合や入所児童の家庭復帰・保護者との関係調整等の家族支援を実施しています。

　当センターでは設立当初より生活場面における心理支援を行うことを目的に，心理職もケースワーカー等同様に生活場面の支援に当たり，日中のプログラムだけではなく夜勤にも入り，まさに直接処遇スタッフの一員として，施設という児童の日常空間そのもののなかでの，心理職としての心理支援を模索してきました。施設開設から数年間は，個別の面接時間を設けたり，少人数のグループワーク，朝のホームルームの時間を利用した心理教育的な取り組みなどを行ってきました。

　施設開設当初から心理支援の方策の検討項目にはSSTも含まれており，文献研究に基づき，感情表現や対人スキルトレーニングに関わる材料を部分的，試行的に実施しておりました。しかしながら当センターに入所・通所している児童は，不登校やひきこもりという状況のなかで，社会的経験の蓄積が不足しているだけでなく，様々な養育上・発達上の課題を抱えた児童が多いことから，人間関係を形成し維持するために必要なソーシャルスキルを学習する機会が乏しかったり，ある程度のスキルを身につけていても，他者と関わ

る場面での過度な緊張や不安のために，そのスキルを発揮できない児童が多い状況にありました。

　このようななかで，平成19年度に事業化された大阪府すこやか家族再生プロジェクトの一環として，当センターより関西学院大学文学部総合心理科学科の松見淳子教授の研究室に「ソーシャルスキルトレーニングプログラム」の開発を事業委託という形でお願いすることになりました。

　松見教授を代表に，現在も引き続きお世話になっている大対先生（当時は博士研究員）をはじめとする8名の研究員・大学院生がトレーナーとなり，ソーシャルスキルトレーニングの開発に取り組むことになりました。プログラムの実施や評価に際しては当センター心理職も加わり，より実践的・多面的な取り組みになりました。

　委託研究事業は2年間で終了したものの，平成21年度以降からこれまでの5年間は当センター職員によりプログラムを実施するようになりましたが，大対先生には引き続き協力をいただいています。平成21年度以降はプログラムで学んだスキルが実際の生活場面に般化できるように，フィールドワーク型実践を取り入れ，街中でプログラムを行ったり，ストレスコーピングやアンガーマネジメントの視点も取り入れた，より実際の生活場面で活用できるプログラムにしたいと思い試行錯誤を重ねています。

　SSTは当センター以外の児童福祉施設や学校教育現場でも実施されていますが，青年期を対象とし，社会自立に向けた体系的なプログラム開発とその実践は先駆的なものであると思っております。この間の取り組みや成果については，学会発表や学術雑誌への掲載という形で，一定の評価もいただきました。

　今回，当センターでのSSTの取り組みに当初からご協力いただいた大対先生との共著で，我々の取り組みの一端を紹介しプログラムを公開することは，全国各地で思春期・青年期の児童の自立支援を行っている児童福祉施設や学校現場，地域若者サポートステーションなどの関係者の皆さんとの情報共有や情報交換を行っていきたいという思いから出発したものです。この10余年間の取り組みの一端を披歴させていただくことで，この本をご覧になった皆様からの真摯なご意見をいただくことができれば，さらに精緻で有効なプログラムの開発・提供につながるものと思っております。

大阪府立子どもライフサポートセンター所長

荒木　敏宏

本書の特徴

★ 他のSSTマニュアル本と何が違うの？

　一般的なSSTマニュアル本で示されるプログラムはできるだけ一般化し，どのような参加者でも使えるように作られていますが，実際は参加者の特徴や，SSTの目的などに応じて，プログラムに微調整を加えていく必要があります。しかし，SSTをはじめて実施しようという方にとっては，「どこをどうアレンジしたらいいのかわからない！」こともあるでしょう。

　そこで本書の実践編では，各セッションの指導案の中に重要となるポイントとアレンジできる工夫を示しています。中心的な内容や基本技法は Point!，変更可能なところには アレンジ，配慮するところは 注意 としてアイデアを盛り込んでいます。詳しくは，実践編の各セッションをご覧ください。

★ 不登校やひきこもり等を専門とする"現場から生まれた"SST

　大阪府立子どもライフサポートセンターでは，不登校やひきこもりの高校生年齢の子どもたちの自立支援をはじめ，様々な不適応状況にある子どもたちを受け入れてきました。その中で，人間関係を形成・維持するために必要なソーシャルスキルを学習する機会が乏しかったり，他者との関わりへの過度な緊張や不安のために，スキルを発揮できない多くの子どもたちと過ごしてきました。そのため，大学と連携してSST開発に取り組み，その後も現在まで，より実際の生活場面で活用できるプログラムになるよう改良を重ねてきました。その現場で実際に使用しているSSTマニュアルを本書ではそのまま紹介し，明日から使える一冊としてアレンジし使用していただけるものとしました。

　また，先行研究や既存プログラムにくわえて，職員対象の自由記述式アンケート（子ども同士の生活上のトラブルでどんなことがあったか，人づきあいをするうえで身につけた方がよいスキルは何か）や，子ども対象の自由記述式アンケート（日常生活で人とつきあううえで，困ったり，つらい思いをしたり，腹が立ったりした出来事は何か）といったニーズアセスメントを参考にしてターゲットスキルは選ばれています。

★ ソーシャルスキルとして「考える」力を育てる

　何か不都合な事態に遭遇したとき，子どもたちは1つのネガティブな考えにとらわれ，「怒り」「悲しみ」「困惑」「嫉妬」などのわきあがってくる気持ちを抱えきれずに，外向き（暴言など）に，あるいは，内向き（人と距離をとるなど）に行動しがちです。子どもたちはそれで事態を解決できたと思っているようですが，社会自立をめざすには心もとない解決法です。このようなことから，わきあがる気持ちや考えを自分自身の中で一旦受け止め，ネガティブにもポジティブにもあれこれ吟味する心の余裕をつくる，「考える」力を育てることが必要なのではないかと考えています。

　そこで，子どもたちに対して何らかの「考える」しかけを作っていくことにしました。その1つが，SSTに認知行動療法を取り入れるというものでした。参加者と職員がSSTに一緒に取り組むことで，職員も参加者のことを「考える」機会とすれば，参加者と職員の「考える」循環が生まれ，よりよい相互作用がもたらされるのではと期待しています。

★ 本書で行うSSTとは？——簡単な流れ

　基本的には以下のような流れと構成で実施します（1セッションは50分から90分程度）

本書の構成と使い方

　本書では，学校や社会への適応につまずきを抱える子どもを対象としたソーシャルスキルトレーニング（Social Skills Training；以下 SST とする）のプログラムを紹介しています。全体は「理論編」と「実践編」から構成されています。

- 「理論編」について

「理論編」では，SST を行ううえで知っておく必要のある基礎知識を解説しています。大きくは次の 4 点について解説をしています。

　① なぜ SST が今必要とされているのか
　② 青年期の適応でのつまずきと SST の効果
　③ SST の背景にある基本原理とアセスメントについて
　④ セッション開始に向けての準備と進め方

「理論編」は，できるだけ専門用語を使わずに，具体例をたくさん入れて解説をし，心理学を学んだことがない方が読んでもわかりやすい内容となっています。理想的にはすべてに一度は目を通していただきたいですが，①と②については，後から読んでいただくことも可能です。実践編のプログラムを見て，すぐにでも実施したいという方は③と④をまず読んでから実施されることを強くお勧めします。特に SST の背景にある基本原理について十分に理解しておくことは，「実践編」のセッションにおいて，対象者に合わせたプログラムのアレンジを適切な方法で行うために重要です。つまり，掲載されているプログラムの中で「変更可能な点」と「プログラムに示されたまま行うべき点」とを区別し，必要となる手続きは崩さない状態で，対象者に合う形にプログラムをアレンジすることが効果的な SST につながります。

- 「実践編」のプログラムの構成

「実践編」は，初級レベル，中級レベル，上級レベルという段階別に，大きく 5 つのスキルについて合計21セッションのプログラムを掲載しています（図 0-1 参照）。大阪府立子どもライフサポートセンターでは，セッション 1 から 21 までを 1 年間かけてステップアップする形で進めていきます。施設によっては，それだけの時間を SST に費やすことがむずかしい場合もあるでしょう。その場合は，対象者に合わせて適切なレベルのセッション

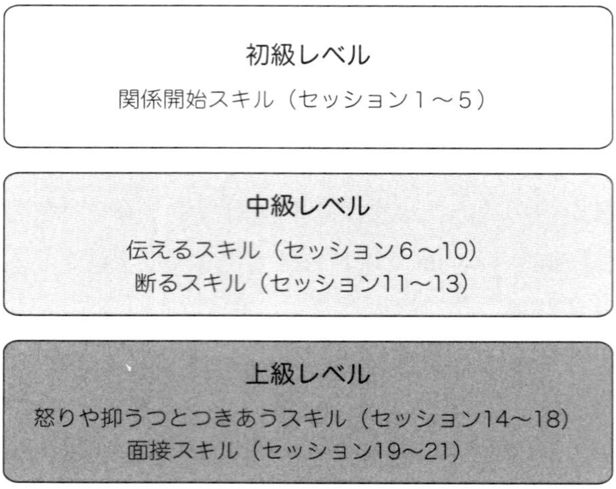

```
┌─────────────────────────────────┐
│          初級レベル              │
│   関係開始スキル（セッション1～5） │
└─────────────────────────────────┘
┌─────────────────────────────────┐
│          中級レベル              │
│   伝えるスキル（セッション6～10） │
│   断るスキル（セッション11～13） │
└─────────────────────────────────┘
┌─────────────────────────────────┐
│          上級レベル              │
│ 怒りや抑うつとつきあうスキル（セッション14～18） │
│   面接スキル（セッション19～21） │
└─────────────────────────────────┘
```

図0-1 「実践編」の構成

だけを限定して行うことや，各レベルのセッションを抜粋して行うこと，特定のセッションだけを行うなど，必要に応じて選んで実施することも可能です。ただし，SSTは多くの対象者にはなじみのない形式のプログラムですので，いきなりむずかしい内容で実施するとSSTそのものに対する苦手意識や抵抗感が生じてしまうことも考えられます。可能な限り，数セッション実施できるだけの時間を確保して，初めてのセッションは対象者全員にとって簡単なスキルをまずは取り上げ，SSTに慣れることを主目的としたセッションを1回分くらいは用意すると，その先のセッションがスムーズに進められることでしょう。

• 適用の範囲

　本書は，適応につまずきのある思春期の子どもたちを対象に実施されたプログラムをまとめたものですが，かなり初歩的な基本スキルから応用スキルまでをカバーしています。すべてのセッションは小学生から高校生まで，幅広く適用が可能ですが，対象とする年齢や発達レベルに応じて，取り上げる場面設定を変えたり，説明の仕方を簡単にするなどして工夫することは必要でしょう。また，まだ不適応の問題が見られないような児童・生徒に対して，学校場面で不適応の予防としてプログラムを実施するということも可能です。

　理論編も実践編も，どのような対象者であっても使えるような汎用性の高いものを目指して，まとめています。特に「実践編」に掲載されているセッションは対象者にあわせて柔軟に調整できるよう具体的な手続きが示されています。読者のみなさんがSSTを実施しようとしている対象者にとって，「この説明でわかりやすいか」「この場面設定が適切か」等，確認をしたうえで必要な調整を加えて使ってください。

• 各セッションの構成

　セッションはすべて，「セッションタイトル（ターゲットスキル）」「目的とねらい」「行

動項目」「解説」「指導案」から構成され，セッションによってはセッション内で使う資料やワークシート，ホームワークなどが付録として掲載されています。それぞれの構成要素について，以下に詳しく説明をします。

〈セッションタイトル〉
　セッションで形成することを目指すターゲットスキルを示しています。たとえば，「断るスキル」には3セッションあり，ターゲットスキルはそれぞれ「理由を伝えて断るスキル」「代わりの案を伝えて断るスキル」「初めて会う人に断るスキル」となっています。このように，同じ「断るスキル」についてのセッションであっても，セッションごとにスキルの内容が細かく設定されています。

〈行動項目〉
　行動項目とは，ターゲットスキルに含まれる具体的な行動の内容を示したものです。たとえば，セッション11「理由を伝えて断るスキル」の行動項目は①相手の顔を見る，②相手に聞こえる大きさの声で言う，③謝る，④理由を言う，⑤断りの言葉を言う，の5つで，具体的にこの5つの行動ができるように練習をしていきます。また，セッション12「代わりの案を伝えて断るスキル」の行動項目は，セッション11に出てきた5つに⑥代わりの案を言う，という行動項目が1つ追加されます。つまり，この2つのセッションでは，6つのうち5つは同じ行動項目について練習をすることになります。このように繰り返し同じ行動項目が出てくることで何度も練習を重ねることができるようになっています。

〈目的とねらい〉
　セッションでもっとも焦点を当てている点が示されています。たとえば，セッション12では，セッション11で練習した①～⑤の行動項目は復習として行い，新しく追加された⑥の行動項目を中心に解説をしたうえで，練習もその部分に力を入れて行います。このように行動項目の中でも特に力点を置く場所を明確化しているのが「目的とねらい」です。

〈解説〉
　ここでは，特に本プログラムの対象となる適応に問題を抱えた子どもに見られる特徴や，このような対象者にSSTを実施するうえで配慮すべき点などが解説されています。また特に，上級レベルの「怒りや抑うつとつきあうスキル」をターゲットとしたセッション14～18では，それまでのセッションではあつかってこなかった認知や感情をあつかうため，認知や感情をあつかううえで必要となる理論や技法の説明をしています。

〈指導案〉

　指導案は，セッションの進行とその内容について詳細に示したものです。各セッションは基本，「導入」「あいさつ」「アクティビティ」「心がけ」「教示」「モデリング」「行動リハーサル＆強化・フィードバック」「振り返り」という内容から構成されています。（それぞれの詳しい内容は「セッションの進め方と職員の役割」を参照）また，「導入」から「心がけ」までの部分については，毎回同じ内容で行いますので，「実践編」の指導案の中にはその内容は省略されています。

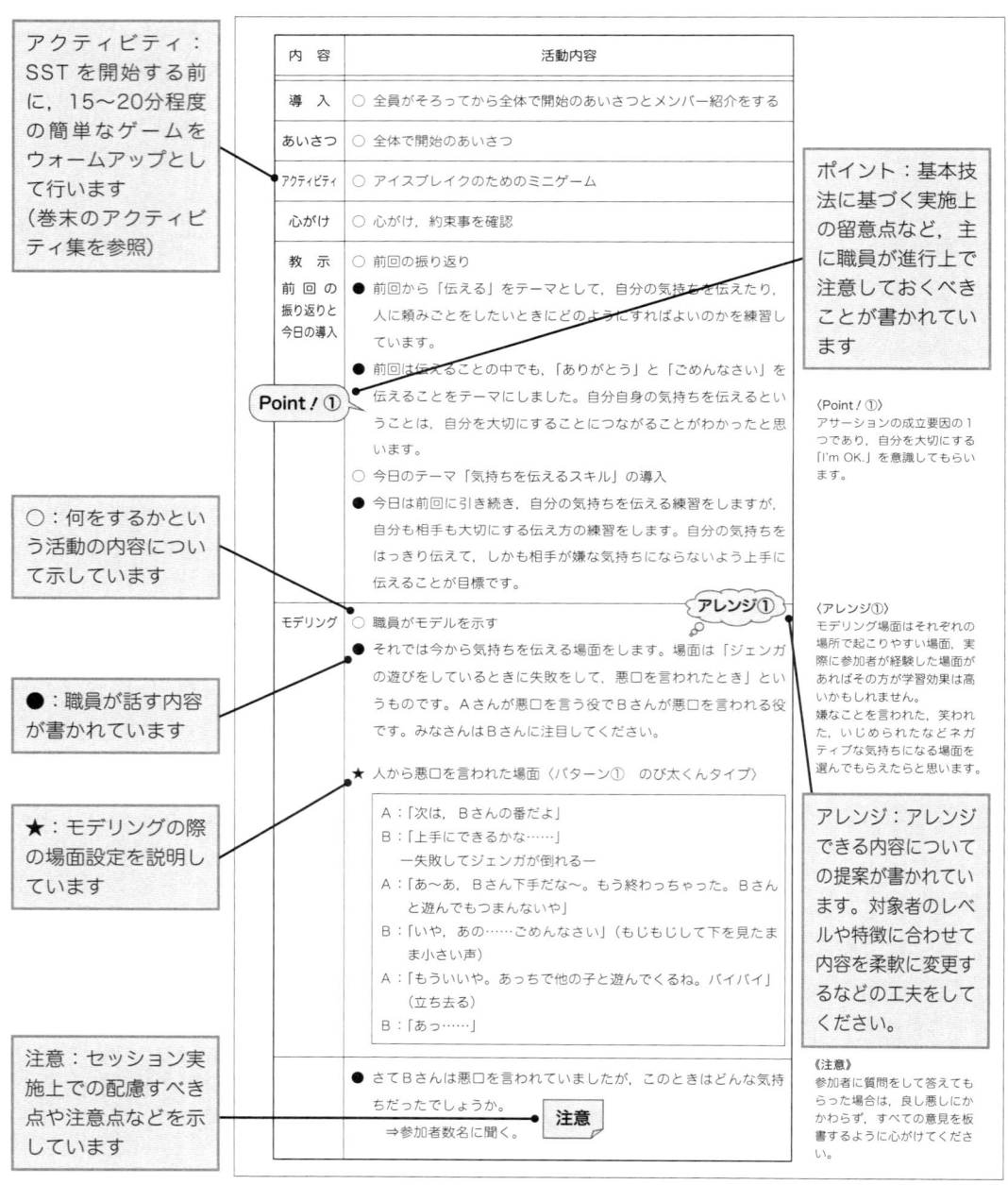

〈アクティビティ集〉

本書の巻末には，アクティビティ集として23のアクティビティを掲載しています。アクティビティは，SST と関連をもたせて行うことも，SST とは独立した活動として行うことも可能です。関連をもたせる場合は，たとえば前回の復習を含めたようなゲームや活動を入れることができます。独立して行う場合は，グループの規模やそのときの参加者たちの様子などを考慮しながら，楽しんでできそうな活動を入れるといいでしょう。

アクティビティ

1

「風船電車」

協調するスキル

難易度：☆

活動のテーマが分かるように示してあります

アクティビティのタイトル

難易度：ルールや内容の複雑さ，参加者にとっての参加のしやすさ等により，難易度を三段階で示しています

☆：簡単
☆☆：普通
☆☆☆：難しい

1．人数

• 3人～（1グループ3～5人で対抗戦可）

2．用意するもの

• 風船（人数分）

3．手順

①1人1つ，風船をふくらませる。
②一列に並んで，前の人の背中と自分の胸の間に風船をはさむ。先頭の人の風船は職員があずかる。
③先頭の人がリーダーになって，声をかける。
④風船を落とさないように進む。手で風船を支えたりはしないようにする。
⑤途中で風船が落ちてしまったら，先頭の人は列の一番後ろに並び，新たに先頭になった人がリーダーをする。

4．配慮すること

• 転倒などの安全面には十分配慮し，広いスペースで行う。風船が落ちないようにコミュニケーションをとるよう促す（「1，2！ 1，2！」のかけ声など）。特に，リーダーがリーダーシップをとれるように助ける。

参加者のレベルやグループの状態などに合わせて，必要な調整をこのアレンジ案を参考にしてみてください

5．アレンジするなら

• 全体の人数が多い場合は，グループに分け，競争してもよい。

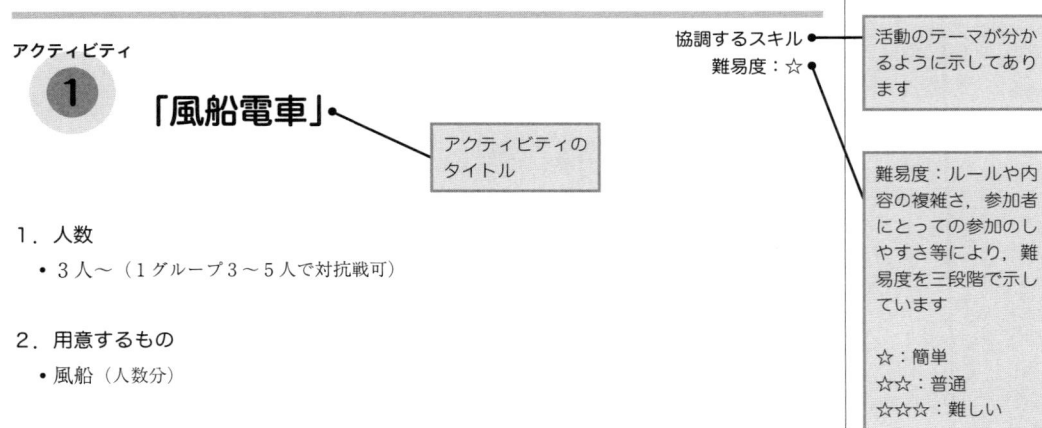

もくじ

推薦の辞

はじめに

本書の特徴

本書の構成と使い方

I. 理 論 編

1. SSTをはじめる前の基礎知識 …………………………………………… 2

1-1. なぜSSTが今必要とされているのか ………………………………… 2
  （1）ソーシャルスキルとは　2
  （2）SSTの背景となる考え方　4
  （3）SSTの特徴　6
  （4）目的に合わせた実施形態　7
  （5）SSTでできること，できないこと　9

1-2. 青年期のソーシャルスキルの特徴とSSTの効果 ……………………… 10
  （1）青年期の仲間関係とソーシャルスキルの発達　10
  （2）青年期の不適応問題：不登校，ひきこもり，ニートとは何か　11
  （3）不登校，ひきこもり，ニートの青年のソーシャルスキルの特徴　13
  （4）これまでに行われてきたSSTの実践　14
  （5）包括的支援の重要性　16

1-3. SSTの基本 …………………………………………………………… 17
  （1）コーチング法　17
  （2）コーチング法に含まれる訓練要素の背景にある行動の原理　18

1-4. アセスメント ………………………………………………………… 20
  （1）効果測定の方法　20
  （2）大阪府立子どもライフサポートセンターでのSSTの効果について　25

2. セッション開始に向けて……29

2-1. セッションまでの準備……29
（1）アセスメント　29
（2）ターゲットスキルの選定と課題分析　30
（3）指導案の作成　31
（4）施設内周知　32
（5）必要なものの準備　34

2-2. セッションの進め方と職員の役割……35
（1）セッションの構成　36
（2）進め方と職員の役割　37

2-3. 実施するにあたっての工夫……41
（1）動機づけを高める　41
（2）般化と維持を促進する　43
（3）個人差への配慮　45

II. 実 践 編

初級レベル（小学生～）

- 関係開始スキル

　　セッション1　あいさつをする……50
　　セッション2　人の話を聞く……55
　　セッション3　自己紹介をする……60
　　セッション4　質問をする……65
　　セッション5　初めて会う人に話しかける（外出編）……71

中級レベル（小学生・中学生～）

- 伝えるスキル

　　セッション6　ありがとう，ごめんなさいを伝える……74
　　セッション7　気持ちを伝える……81
　　セッション8　要求を伝える……87
　　セッション9　困ったときに助けを求める……93

セッション10　初めて会う人に伝える（外出編）……………………… 100

・断るスキル
　　　セッション11　理由を伝えて断る ……………………………………… 103
　　　セッション12　代わりの案を伝えて断る ……………………………… 109
　　　セッション13　初めて会う人に断る（外出編）……………………… 115

上級レベル（中学生・高校生〜）

・怒りや抑うつとつきあうスキル
　　　セッション14　自分の気持ちについて考える ………………………… 120
　　　セッション15　自分の思考について考える …………………………… 127
　　　セッション16　新しい思考を取り入れる ……………………………… 134
　　　セッション17　怒りや抑うつに対処する ……………………………… 141
　　　セッション18　自尊心を高める ………………………………………… 150

・面接スキル
　　　セッション19　面接試験を受ける（基本）…………………………… 159
　　　セッション20　面接試験を受ける（応用）…………………………… 165
　　　セッション21　面接試験を受ける（集団面接）……………………… 170

◆ アクティビティ集

　　　1. 風船電車　176
　　　2. 二人三脚危機一髪　177
　　　3. 好きな○○ビンゴ　178
　　　4. サインあつめ　179
　　　5. 整列ゲーム　180
　　　6. 名前パズルタイムショック　181
　　　7. 団結の船　182
　　　8. ハンカチダッシュ　183
　　　9. 目隠し輪投げ　184
　　　10. 仲間さがし　185
　　　11. セブンイレブン　186

12. ぴったり半分　187
13. 古今東西グループ戦　188
14. 心は1つ　協力紙飛行機　189
15. 最後まで伝わるかな？　伝言ゲーム　190
16. みんなで数字合わせ　191
17. 絵しりとり　192
18. 感覚伝言ゲーム　193
19. わたしは誰でしょう？　194
20. わたしの履歴書　195
21. 図形伝達ゲーム　196
22. 伝言レゴゲーム　197
23. 合体漢字ゲーム　198

引用文献　199

おわりに　201

I. 理論編

★☆ 理論編の内容 ☆★

1. SSTをはじめる前の基礎知識
    1-1. なぜSSTが今必要とされているのか
    1-2. 青年期のソーシャルスキルの特徴とSSTの効果
    1-3. SSTの基本
    1-4. アセスメント

2. セッション開始に向けて
    2-1. セッションまでの準備
    2-2. セッションの進め方と職員の役割
    2-3. 実施するにあたっての工夫

1　SSTをはじめる前の基礎知識

1-1. なぜSSTが今必要とされているのか

（1）ソーシャルスキルとは

「友達をどうやって作ればいいのかわからない」「ついカッとなって言い過ぎてしまう」「悪いと思っていても，うまく謝れない」。このような，人とうまく関われないという問題は，子どもに限った話ではなく，大人であっても同じような悩みをもつ人は多くいることでしょう。よく，「私は人見知りする性格だ」「人づきあいはどうも苦手なタイプだ」という言い方をすることがありますが，人とうまくつきあえるかどうかは，その人のもって生まれた能力や性格によって決まるわけではなく，生活の中で様々な人との関わりを通して，私たちは人とつきあううえでのマナーやルールを学び，そのようなスキルを獲得していくのです。

人とうまく関わるために必要とされるスキルのことを「ソーシャルスキル」といいます。このソーシャルスキルは，子ども時代の兄弟や友達との関わりを通して，また学校での生活を通して，体験的に自然と獲得されていくものだと考えられていました。しかし，少子化が進み，兄弟がいないという家庭も少なくないことや，地域のつながりの希薄化によって近所同士の子どもたちが集まって遊ぶ機会が減っていること，また直接対面する必要のないコミュニケーションツールの発達も伴って，ソーシャルスキルを学び獲得していくべ

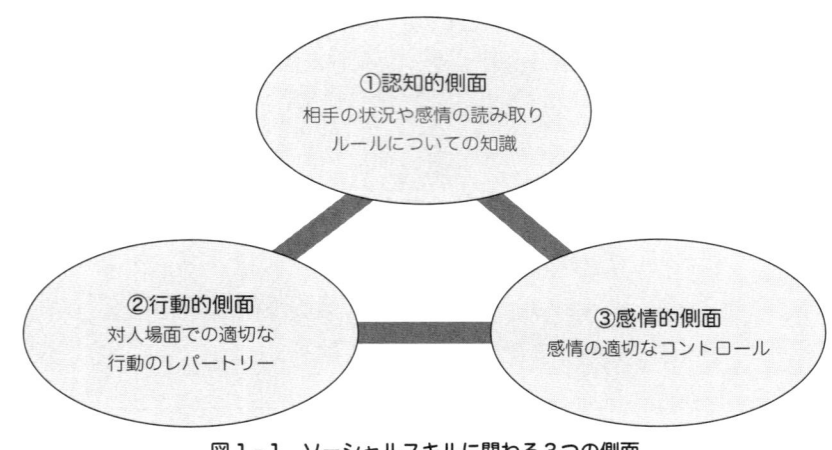

図1-1　ソーシャルスキルに関わる3つの側面

き時期に，そのような学びを支える環境が乏しくなっていることが指摘されています。

　ソーシャルスキルが対人関係の中でうまく発揮されるためには，図1-1で示したような3つの側面が重要になります。

　たとえば，「待ち合わせに遅刻してしまった」という，よくある日常的な対人場面を想像してみてください。ソーシャルスキルとして必要となることは，①認知的側面として，自分が遅れてしまったことに対しては謝るというマナーを知っているということ，またそのときの相手の「不機嫌そうにしている」といった感情の読み取りが正確にできることがまずは大切です。その次に，②行動的側面として，謝るときの適切な行動をレパートリーとして獲得している必要があります。つまり，相手の目をしっかりと見ることや，申し訳なさそうな表情をすること，「ごめんね」とこちらの謝る気持ちを言葉で伝えるといった行動レパートリーがあって初めて実行に移すことができます。当然，そのような場面では，「怒らせてしまったかもしれない，どうしよう」と不安になるでしょう。不安が高まると，つい私たちは伏し目がちになってしまったり，ボソボソと話してしまい，うまく謝罪の気持ちが伝わらなかったりすることがあります。したがって，③感情的側面ではそのような不安をうまくコントロールする必要があるわけです。

　普段，私たちが何気なく実行しているソーシャルスキルですが，実はこのような複数の側面が関与しており，そのどの側面に問題が起きても，スキルの実行はうまくはいきません。また，この3つの側面は相互に影響を及ぼしあっており，たとえば認知的側面として「相手が自分のことを嫌っているに違いない」と現実的ではない偏った考え方をもっていると，それがその相手との関わりにおいて不安を増幅させることになり（感情的側面），他の人に対してならば積極的にあいさつができるところが頭を軽く下げることで精一杯になってしまう（行動的側面）ということが起こります。

　このように，3つの側面が相互に関連してソーシャルスキルの実行を促したり，また反対に阻害するように働いたりもするのですが，何らかの原因でソーシャルスキルが欠けてしまうと，当然の結果として対人関係でのつまずきが増えることになります。それに加えて，これまでの発達心理学や教育心理学領域で行われてきた研究では，ソーシャルスキルの不足が学校での学業不振やいじめに遭うリスクを高めること，また不登校や中退といった学校不適応にもつながることが示されています（Gresham, 1981；Parker & Asher, 1987）。また，日本で行われた研究においても，ソーシャルスキルが低い青年ほど抑うつやストレスが高いことが示されています（戸ヶ崎ら，2005）。このように，ソーシャルスキルの不足が適応上や精神保健上の問題につながることが明らかになるにつれ，ソーシャルスキルを育てる取り組みに注目が集まるようになりました。

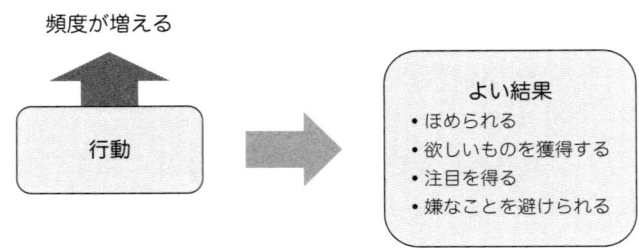

図1-2　行動が獲得される原理

（2）SSTの背景となる考え方

•行動が獲得される原理

　ソーシャルスキルを育てる取り組みとして代表的なものにソーシャルスキルトレーニング（Social Skills Training；以下SSTとする）があります。そして，SSTを行う大前提には，「ソーシャルスキルが学習によって獲得されるスキルである」という考え方があります。ここでいう「学習」とは，机に向かってする勉強や学校での教育ということに限らず，広く「経験によって行動が獲得される」という意味です。では，簡単に行動が獲得される原理について説明をしておきましょう（図1-2参照）。ソーシャルスキルに限らず，私たちが習得している行動はすべて同じ原理により獲得されています。その原理とは，行動の実行が行動している本人にとっての「よい結果」に結びついた場合に，その行動を実行する頻度が高まるというものです。専門的には「強化の原理」といいます。

　たとえば，「寒いときにコートを着る」という行動を獲得したのは，その行動が「寒さが和らぐ」という「よい結果」に結びつくことで獲得されてきたといえます。他にも，「帰宅してすぐに冷蔵庫を開ける」という行動は「何かおやつになるようなものが得られる」という「よい結果」に結びつくことで頻繁に起こるようになるわけです。ソーシャルスキルを獲得していく原理もまったく同じで，「元気よくあいさつをする」という行動が，「相手からも元気にあいさつをしてもらえる」や「その人との会話がスムーズに始められる」などといった「よい結果」に結びつくことで獲得されると考えることができます。先ほど，私たちは人との関わりの中でソーシャルスキルを獲得していると述べましたが，それは対人関係のやり取りの中で，私たちが行った行動が「相手に受け容れられる」「相手から好意的な反応が返ってくる」といった結果に結びつくことで獲得されてきたと言い換えることもできます。当然ながら，行った行動が「よい結果」に結びつかないこともあります。そのような場合，その行動は次第に実行されなくなり，淘汰されていくと考えられます。たとえば，友達に「体重はいくつ？」と聞いたら，相手がすごく嫌な顔をしたといった場合が「よい結果」に結びつかなかった行動の例です。このような経験をすると，私たちは次から体重のことは聞かないようになる，つまり行動の実行頻度は下がっていき

ます。

- 自然な対人的関わりの中でのソーシャルスキルの獲得

　私たちが，日常生活における対人的関わりを通して自然とソーシャルスキルを獲得していくためには，まず対人場面で何らかの行動を実行してみるという機会が必要となります。行動してみることで，相手からより好意的な，ポジティブな反応が得られるような行動の仕方を学んでいくことが，ソーシャルスキルの獲得プロセスといえます。しかし，冒頭にも述べたように，対人場面で行動を実行する機会そのものが，様々な要因で少なくなってきているという現代社会の状況や，不登校やひきこもりといった不適応状態に陥ることによってそのような機会をほとんどもてない状態になっているようなケースもあり，自然な環境の中ではソーシャルスキルの獲得が難しくなってきています。

　ソーシャルスキルの獲得では，相手からポジティブな反応が返ってきたかどうかが，自分が適切にふるまえていたかどうかを知る手がかりとして重要になってくるのですが，思春期以降にはいくら相手のふるまいが自分にとって不快であったとしても，それを直接的に相手にわかるように表現しないことも増えてきます。つまり，相手の反応が自分の行動の良し悪しを知る手がかりとしては非常に曖昧なものになってくるわけです。したがって，年齢が上がれば上がるほど，私たちは自然な対人的関わりからソーシャルスキルを学ぶということが難しくなるため，直接教えてもらう機会をもつことが必要になります。だからこそ，幼少期の「嫌なものはイヤ！」とストレートに感情を相手に表現をする時期に，対人的関わりを多く経験し，ソーシャルスキルを学ぶことが重要になります。

- ソーシャルスキルの不足

　ソーシャルスキルが不足しているという状態は，ソーシャルスキルがまだ獲得されていないパターンと，不適切な社会的行動が学習されてしまっているパターンとが考えられます。前者は，人と関わるという経験の欠如から生じるソーシャルスキルの不足です。したがって，おもちゃを貸してほしい場面でどう頼めばいいのかがわからず，ただ横で見ているだけ，もじもじしているだけ，という状態がこのパターンです。後者は，「貸して」と言葉で要求を伝える代わりに，「相手から力づくでおもちゃを奪う」という不適切な行動を学習してしまっているパターンです。つまり，力づくで奪うことで自分の要求が通るという「よい結果」を経験したために，このような行動が獲得されてしまいます。

　このように不適切な行動が先に学習されている場合には，同じ結果を生み出す，より適切な行動を学習しなおす必要があります。したがって，SSTはスキルがまだレパートリーとして獲得されていない，あるいは誤った学習により不適切な社会的行動を獲得してしまった者に対して，ソーシャルスキルを学習する機会を与え，スキルの獲得と改善を目

指して実施されます。SST は子どもから大人まで，あらゆる年齢層を対象とすることができますが，年齢が上がるほど誤った社会的行動をすでに学習してしまっている場合が多くなります。その行動を学習し直すことで修正することよりも，まだレパートリーにない段階で新しく行動を学習する方が時間や労力がかからないことから，SST は年齢の低い子どもを対象に行うことが有効であると考えられています。また，早期に実施することで，将来的な不適応問題の予防にもつながります。

（3）SST の特徴

- 自然な経験からのソーシャルスキルの獲得との違い

　ソーシャルスキルを日常生活の中で自然と学ぶという場合には，家庭でのしつけ，学校での生活指導，また友人関係やその他の対人関係における失敗経験および成功経験を通して学んでいくことになります。これらの自然な経験を通したソーシャルスキルの学習と SST でのソーシャルスキルの学習の大きな違いは，SST では行動をかなり具体的に示して教えるという点です。家庭でのしつけや学校での生活指導という場面では，特に対人場面でのトラブルや問題に直面した際に，人との関わりにおいてどう行動すべきかということが教えられるわけですが，「しっかりと話を聞きなさい」「相手の気持ちを考えて行動しなさい」「人の嫌がることをしてはいけません」など，具体性に欠ける言い方で教えられることが少なくありません。「しっかり聞く」というのはどう行動をすれば「しっかり聞く」ということになるのか，「相手の気持ちを考えて行動する」とは具体的にはどう行動することを意味するのか，その点が明らかにされないことが多いのです。また，対人関係における失敗経験や成功経験から学ぶという場合にも，実際に自分がどう行動したことが失敗や成功につながったのかということは，自分を客観的に観察する力がないことにはかなりむずかしく，また経験から「こうすればいいのか！」と特定のソーシャルスキルにたどりつくまでにはそれ相応の経験数を踏まなければいけないことになります。

- 具体的な行動として教える

　SST では，どう行動することが「しっかり聞く」ことになるのか，「相手の気持ちを考える」ことになるのかということをかなり具体的な行動として教えることに大きな特徴があります。たとえば，「しっかりと聞く」というのはよく SST で取り上げられる基本的なソーシャルスキルですが，SST で教える場合には「相手の顔をしっかりと見る」「あいづちを打つ」「最後まで話を聞く」「質問をする」「関係のないことをしない」などが具体的行動として含まれます（詳しくは，「実践編」のセッション 2 を参照）。また，「相手の気持ちを考える」ということについては，相手に何かを頼む場合に，その人が今自分のために

時間を割ける状況にあるかを,「今大丈夫ですか？」と一言まずは尋ねてから頼むということが, 具体的な行動の例として考えられます。このように, どう行動したらいいのかを具体的に示して教えていくことが, SST の最大の特徴といえます。

- 「実際にやってみる」という体験を通して学ぶ

　SST のもう 1 つの特徴は, セッションの中で実際に参加者自身が練習をしてみるという点です。家庭のしつけや学校での生活指導では,「そういうときはこうするんだよ」と言われ,「次から気をつけなさい」と注意されて終わる場合が多いかと思いますが, これは先に述べたソーシャルスキルの 3 つの側面のうち, ①認知的側面の「知識」を増やすための働きかけになります。「どうすればいい」かを頭の中では理解していても, それをうまく行動として実行できないことは, 私たち大人でもよく経験します。また, ここで教えられる「知識」は, 具体的な行動としては示されていない場合が多いとなると, なおさら実際の行動には結びつきにくくなります。SST ではセッションの中で, 具体的に示された行動を実行してみる練習をします。そして, 1 つずつその行動ができているかどうかのフィードバックを受けます。実際の練習を通して, 自分では相手の顔を見ていたつもりだったが, 最初にちらっと見た後は視線を逸らしていることが多いことに気がついたり, じっと顔を見ることがむずかしい場合は, 額あたりを見ると緊張しないで見ることができることなどを, 体験的に学んでいきます。

（4）目的に合わせた実施形態

　SST には, どのような目的で実施するかによっていくつかの実施形態があります（図 1-3 参照）。目的は大きく 3 つあり, ①一次予防目的, ②二次予防目的, ③治療目的に分かれます。また, 一次予防目的で行う SST は一次的援助サービス, 二次予防目的で行う SST は二次的援助サービス, 治療目的で行う SST は三次的援助サービスに含まれます。対象者の問題が顕在化しているほど, その問題を改善するという意味での治療としての目的が強くなり, まだほとんど問題が見られないような参加者に実施する場合には, 将来的に問題が生じるリスクを減じるための予防としての目的が強くなります。治療目的でSST を実施する場合には, 参加者やその問題となる行動が特定されているので, 実施形態は個別, もしくは同じ問題行動を示す者で小グループを作って実施します。予防としての目的が強くなるほど, 参加者や問題となる行動が特定されていないため, 大きい集団を対象に実施することが多くなります。

　それぞれの目的に応じた実施形態には, メリットとデメリットがあります（表 1-1）。治療目的で個別あるいは小グループで SST を実施する場合, 参加者の問題行動の背景や

I. 理論編

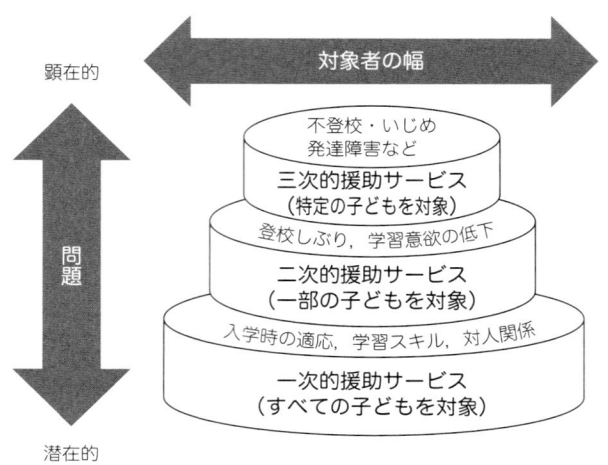

図1-3　援助サービスの次元

特徴に個別に合わせたプログラムを実施できることが最大のメリットです。一方で，SSTを実施したからといって，ある日を境にがらりと行動が変わるというものではなく，段階的に行動は変化していきます。問題行動を示す子どもは，「キレやすい」「暴力的だ」「暗い」といった評判が，ある程度集団の中で定着してしまっている場合が多く，そのため，参加者が日常生活で関わりをもっている集団には，その途中経過の段階ではなかなか認めてもらえず，SSTで学んだスキルを日常で活かすところまでに結びつきにくいことがデメリットとして考えられます。

　二次予防を目的としたSSTは，「最近，クラスで物の貸し借りを巡るトラブルが多い」，「女子の人間関係が少しギクシャクしている」など，そのまま放っておくと問題が深刻化してしまうリスクが高い場合に実施します。このような学級や集団の状態の改善として実施されるSSTは，問題と関わりが強い特定の子どもだけを対象にするよりも，学級単位などで実施する方が，「このような場面でどう行動することが適切なのか」ということについての共通認識をもつことができるため，より効果的であると考えられます。ただし，当然ながら集団の中には取り上げた問題に関わりがほとんどない子どもも含まれているため，プログラム内容と個々の参加者のニーズとの一致の程度にはばらつきが生じてしまいます。

　一次予防を目的としたSSTは，問題がまだ顕在化していない段階で実施するため，学級単位や学校単位というかなり大規模な形で実施されることが多いです。このようなSSTを学校で実施する場合は，学級づくりという意味合いが強くなり，「助け合いができる学級にしたい」「人に親切な言葉をかけられる学級にしたい」ということを目標として行うことになります。また，そういう学級づくりをしていくことで，いじめや不登校を起こさないようにする目的があり，問題を事前に予防できることがメリットです。ただ，まだ明らかな問題がないために，SSTでどのようなスキルを身に着けさせるかというター

表1-1 各SST実施形態のメリット・デメリット

実施形態	治療目的のSST	二次予防目的のSST	一次予防目的のSST
メリット	・参加者に合わせたプログラムが実施できる	・ある程度共通の目標をもって実施できる ・学級の中で学んでいることの共通認識がもてる	・問題が起こる前の対応ができ学級運営にも役立つ
デメリット	・生活している集団の中では行動変化が認められにくい	・参加者によってはプログラム内容とニーズが合わないことがある	・標的とする行動を決めにくい ・効果がわかりにくい

ゲットスキルを決定することがむずかしく、実施者側の価値判断に大きく左右されるところがあります。また、「問題が起こらない」ことがSSTの成果と考えられるため、効果が見えにくいこともデメリットとしてあげることができます。

本書の実践編に掲載したプログラムは、治療目的としても、予防目的としても適用が可能です。SSTを実施する対象者や実施目的に応じて実施形態を選択するとよいでしょう。その際には、それぞれの実施形態に伴うメリットとデメリットを十分に理解しておき、特にデメリットとされる部分についてどのようにフォローするかも事前に計画を立てておくことが必要となります。

(5) SSTでできること、できないこと

・SSTで行うのは「行動の形成」

自然な環境では十分にソーシャルスキルを獲得することがむずかしくなっているという現代の社会的背景から注目されるようになったSSTですが、当然ながらSSTを行えばすべて補えるというものでもありません。SSTで行っているのはソーシャルスキルの形成です。たとえば、友達に嫌われてしまうのではないかと心配で、なかなか友達からの頼みごとを断れないという子どもに「上手に断るスキル」をSSTで教えたとしましょう（SSTの内容の詳細についてはセッション11〜13参照）。このSSTで子どもが学習したことは、具体的にどう行動すれば、相手も自分も嫌な気持ちにならずに上手に断れるかという行動のふるまい方です。つまり、子どもは具体的にどう行動すればいいかをSSTで学ぶことができ、またそれをいくつかの仮想場面で練習してみることで、ある程度「できそうだ」という自信をもつこともできます。

・日常生活に結びつけるためには工夫が必要

SSTで行うことはここまでですが、実際にSSTで学んだスキルが生活の中で活かされるためには、SSTの中で練習したソーシャルスキルを実際の生活場面や、練習した場面

I. 理論編

以外の参加者や状況設定で使ってみてうまくいったという経験を積むことが何よりも重要になってきます。本来ならば自然な人間関係の中で獲得されるはずのソーシャルスキルを，敢えて学ぶ機会を設定して学ばせているわけですので，そこには実際の生活場面との乖離がどうしても生じてしまいます。したがって，SSTで学んだことを日常生活に結びつけていくためには，SSTにプラスアルファとしての様々な工夫を加える必要があります。本書の実践編では，具体的なSSTのプログラム内容に加え，日常生活との結びつきを作るための工夫を紹介しています。また第2章の「実施するにあたっての工夫」にも，工夫のためのエッセンスがまとめられています。

・ネガティブな感情や偏った考え方が背景にある場合

典型的なSSTでは，特定の対人場面における社会のマナー，適応的に行動するために知っておくべきルールといった認知的側面と，「実際にはどのように行動するのか」という行動的側面を中心に教えていく形式が多いのですが，ソーシャルスキルが欠如している背景として，不安や抑うつ，怒りといった感情の問題が大きい場合や，「私は嫌われている」「どうやっても絶対に失敗する」など，現実的ではない偏った考え方が邪魔をしている場合については，ネガティブな感情や偏った認知に直接アプローチすることがより効果的です。その場合は，本書で紹介しているSSTの原理だけでは十分にカバーできないため，感情や認知を直接扱うアプローチを追加して実施する必要があります。実践編に掲載されているセッション14〜18は，従来の典型的なSSTでは補えない，感情や認知を直接扱ったセッションです。必要に応じて，これらのセッションを補足することも検討してみるとよいでしょう。

1-2. 青年期のソーシャルスキルの特徴とSSTの効果

（1）青年期の仲間関係とソーシャルスキルの発達

・青年期の仲間関係

現代青年は友人と深い関係を築くことを避け，友人への配慮が欠如していることや，他人の目を気にしないなど，友人関係に対して無関心な傾向があると指摘されています（橋本，2000；中園・野島，2003）。しかし，その一方で，現代の高校生が40年前と比べて「誰かと一緒にいたい」「繋がりをもっていたい」「自分の居場所を確保したい」という傾向が強まっていることも明らかになっています（下権谷・菅原，2005）。このような，一見希薄で無関心なように見えて，心の奥底では居場所となる友人関係を求めているという特徴から浮かび上がってくる青年期の友人関係は，自他を傷つけないよう気遣いをし，その場を

盛り上げようと楽しくふるまったりしながら，友人との適度な心理的距離を模索し，親密な関係を確立していこうとしている途上段階であるといえます（松永・岩元，2008）。理想的にはありのままの自分で友人とも深く関わり，本音で接したいと考えている青年が多いようで，そのように本音で付き合えている親しい友人がいる青年ほど，コミュニケーション能力や自己解決能力，関係調整能力といったソーシャルスキルが高いこともわかっています（松永・岩元，2008）。

- **青年期のソーシャルスキルの発達**

現代の高校生は友人関係において起きる問題の中でも特に，友人から嫌われたり批判されること，友人と対立したりその場の雰囲気を壊すようなことをして疎外されることに強く不安を感じています（渡部，2009）。したがって，青年期に必要とされるソーシャルスキルは，単に適切なふるまいが行動としてできるというだけでは不十分になることが考えられます。たとえば，同じ「頼むスキル」を実行した場合でも，相手に時間的余裕がある状況ではうまく頼みを聞いてもらえることが多いでしょうが，相手が忙しそうなときや，イライラしているような気分状態のときには，頼みを聞いてもらえないことがあります。つまり，同じようにふるまっても，そのときの状況や，相手の感情状態によっては，それがよい結果を招くことも，悪い結果を招くこともあり，正しくふるまえることに加え，場面や状況，相手の感情を正確に読み取るスキルも重要になります。そのようなソーシャルスキルが複雑化する傾向は青年期，特に女子において強くなります（小林・鈴木・庄司，1990）。

青年期に学校等での適応でつまずいた者の中には，青年期に入りこのように複雑なソーシャルスキルが必要とされる友人関係の中でつまずき，不登校に至ったというケースも少なくないでしょう。また，不登校の初発年齢がさらに低くなり，不登校やひきこもりの期間が長くなると，複雑なソーシャルスキルを対人関係の中から学び獲得していく機会そのものが欠落してしまうことになります。

（2）青年期の不適応問題：不登校，ひきこもり，ニートとは何か

本書のように青年期の適応をサポートするプログラムを実施する場合には，その背景に不登校，ひきこもり，ニートという問題があることを知っておく必要があります。ここではまず，それらの概念についてそれぞれ整理をしておきます。

- **不登校とは**

文部科学省により示されている不登校の定義は「年間30日以上欠席した児童生徒のうち，

病気や経済的な理由を除き，何らかの心理的，情緒的，身体的，あるいは社会的要因・背景により，児童生徒が登校しないあるいはしたくてもできない状況にある者」とされています。不登校が社会問題として注目されはじめた当初は，不登校が学校やそれに関連する事象に対して喚起された不安や恐怖によって起こるものだと考えられてきました。しかし，1980年以降から不安や恐怖が表れない，無気力や怠学，ソーシャルスキルの不足が原因で起こる不登校が増えてきたといわれています（小野，2006a）。

　義務教育期間である小学校や中学校時代の不登校については，学校への再登校や復学を目指した支援が手厚くされますが，義務教育期間を終えた高校生になった時点からその支援は急激に少なくなってしまいます。しかしながら，総務省統計局の報告では高校生の不登校生徒は2012年度に58,000人，全生徒数に対しては1.72%であり，前年度の1.68%から増加傾向にあります。小学校での不登校発生率が0.3%，中学校では2.6%ということから考えても，高校生の不登校は決して軽視できない状況にあることがわかります。また，高校生の不登校生徒のうちの約30%が中途退学に至ることも報告されていることから，その後の経過としてひきこもりやニートへと問題が進行していくリスクも非常に高いことが懸念されます。

・**ひきこもりとは**

　2010年4月に施行された「子ども・若者育成支援推進法」に合わせて，厚生労働省が専門機関向けに出した「ひきこもりの評価・支援に関するガイドライン」では，ひきこもりを「様々な要因の結果として社会参加（義務教育を含む就学，非常勤職を含む就労，家庭外での交遊など）を回避し，原則的には6か月以上にわたって概ね家庭にとどまり続けている状態（他者と交わらない形での外出をしていてもよい）を指す現象概念」と定義しています。また心理学や精神医学の領域では特に，他者との関わりを避けたり，他者への働きかけや他者からの働きかけに対する反応がほとんどできない状態にあることを「社会的ひきこもり」と呼びます。

　ひきこもりは，「普段は家にいるが，近所のコンビニなどには出かけられる」「自室からは出るが，家からは出ない」「自室からほとんど出ない」といういずれかに含まれる「狭義のひきこもり」と，「普段は家にいるが，自分の趣味に関する用事のときだけ外出する」という「準ひきこもり」があります。内閣府が2010年2月に実施した「若者の意識に関する調査（ひきこもりに関する実態調査）」の結果では，「狭義のひきこもり」と「準ひきこもり」を合わせた広義のひきこもりは69.6万人と推定されています。ひきこもりの多くは，就職活動での失敗や職場になじめなかったことがきっかけとなっていますが，この場合のひきこもりは次に示すニートの症状として表れるひきこもりだと考えられます。その次に多いのが，小学校から高校までの間の不登校をきっかけとするもので11.9%を占めています。

• ニートとは

　ニートとは，学校も行かず，働かず，職業訓練も受けていない若者がイギリスで社会問題とされたことから生まれた造語であり，「Not in Education, Employment, or Training」の頭文字「NEET」からそう呼ばれるようになりました。イギリスでのニートは16歳から18歳までに限定されているのに対し，日本では15歳から34歳までの者で，高校や大学に通学しておらず，独身であり，普段収入になる仕事をしていない個人を指してニートと呼ぶという点で，イギリスでの定義と日本の定義とは異なっています。ニートの定義は諸説あるようですが，ここでは神山（2008）の定義を参考に紹介します。ニートとは「何らかのかたちで就業と関わった経験がある，または最終学歴である学校をすでに出た者で，明らかな理由・事由がないのに「働かない・働けない」状態になっている者」とされています。内閣府の2012年度の調査では，15〜34歳の若年無業者は63万人いるとされ，15〜34歳人口に占める割合は2.3％にも及ぶことがわかっています。

　ニートとひきこもりはしばしば混同されることが多いですが，神山（2008）によると，「本来のひきこもり」とは，不登校という前兆現象を経て生まれる，生徒，学生だけが陥る特定の停滞であり，就職活動や就労をきっかけとして「働かない・働けない」状態に陥り，その結果としてひきこもっている場合はニートであるとして区別されています。

（3）不登校，ひきこもり，ニートの青年のソーシャルスキルの特徴

　不登校，ひきこもり，ニートに共通してみられる特徴に，極端な社会経験の欠如があげられます。ソーシャルスキルが自然な環境の中では対人関係を通して学習され，獲得されるということを思い出していただくと，不登校，ひきこもり，ニートの青年はソーシャルスキルを学習する機会がほとんどない環境で数か月，あるいは数年という時間を過ごしてきたことになります。では，そのように社会経験が断絶された環境で一定期間過ごした青年と，通常の学校生活を送ってきた青年とでは，ソーシャルスキルにどのような違いが出てくるのでしょうか。

　不登校生徒については自分から積極的に友人関係を築くスキルや自己主張のスキルが低いことがわかっています（大対，2011；曽山ら，2004）。また，自己主張の中でも，他者からの働きかけに対する応答としての自己主張や自己表現はできるものの，自分から進んで自分の感情や意見，希望を他者に伝えようとする積極的な自己主張が苦手であることが指摘されています（朝重・小椋，2001）。不登校生徒にみられるこのような社会的スキルの不足・欠如は，先に述べたような極端に少ない社会経験が原因であると考えられますが，もう一方では社会的スキルの不足が原因で起こる人間関係のトラブルがきっかけとなり，不登校に至るということも考えられます。山下・清原（2004）が高校生，1026人を対象に

行った調査では，学校に登校できている生徒であっても，実に74.6％もの生徒が「学校に行くのが嫌になった」という登校回避感情をもっていることがわかっています。このように，登校回避感情をもっている生徒はかなり多いのですが，その大部分は登校回避感情をもつだけの段階でとどまります。一部の生徒が，登校回避行動に至るわけですが，その段階に達する生徒には葛藤解決スキルが低いという特徴がみられます（江村・岡安，2003）。つまり，友人との間で何らかのトラブルが起こった場合に，それをうまく解決できない生徒が，不登校という結果になるリスクが高いことが読み取れます。

ひきこもりやニートのソーシャルスキルの特徴については，研究がまだほとんどなく明らかになっていないのですが，ひきこもりやニートの支援に多く携わってきた神山（2008）は，不登校を経てひきこもりになっている青年や神山が「子どもニート」と呼ぶ就労経験のないニートは，就職準備行動が未形成であることを指摘しています。神山によると，義務教育の期間を過ぎ，就労年齢に達しているひきこもりやニートの支援では，本人の希望職種などはほとんど考慮に入れない一方的な職業訓練を行い，その結果として就職活動してもうまくいかない，あるいは運よくアルバイトなどが見つかってもすぐに離職してしまうという新たなニートを生む結果になっていることが少なくないようです。その原因として，本来学校に通っていれば受けられる就職活動に向けての指導，サポートが得られない状況にあった不登校やひきこもりの青年は，就職するうえで必要となる準備行動がほとんど身についていないからだと説明しています。就職準備行動とは，履歴書の書き方や送り方，仕事上でのふさわしい会話の仕方，電話のかけ方や受け答えの仕方，ビジネスマナー，面接時の適切なふるまいや応答といった，いわゆる仕事をするにあたって必要とされる「大人」のソーシャルスキルです。

不登校からひきこもり，ニートへと進行していくという時間的な流れを考えると，ひきこもりやニートの青年にも，不登校生徒にみられるような，関係を築いていくスキルや，積極的な自己主張のスキル，対人葛藤をうまく解決するスキルなどが欠如・不足していることは十分に予測されます。不登校の青年が再登校や復学を目指す場合には，このような友人関係にとって重要となるソーシャルスキルを獲得することが必要になるといえます。ひきこもりやニートの青年の場合は，復学を目指すのか就労を目指すのかによって，獲得すべきソーシャルスキルの優先順位は変わってくるといえるでしょう。

（4）これまでに行われてきた SST の実践

• 個別の SST 実践

これまでに研究として報告されている，不登校やひきこもりの児童生徒を対象に行われた SST は，対象者に個別に実施されたものがほとんどでした。たとえば，小野・小林

(2002) は，不登校になった中学3年生の女子生徒に対して主張スキルを標的としたSSTを中心に再登校行動生成のための介入を行った結果，クラス場面における不安が低減し，登校行動の維持を促進しました。また，大月ら（2006）の対象生徒は，不登校状態にあるアスペルガー障害をもつ中学2年生の男子生徒でした。対象生徒を観察した結果，他者と関わる場面で状況に合わない不適切な行動が多くみられることや，相手の話を聞くことなく一方的に話したいことを話すという特徴がみられました。そこで，相手の同意を待ってから話しはじめるスキルや，相手の話を聞くスキルを標的としたSSTを実施した結果，他者への適切な働きかけが増え，文脈に沿った行動が多くみられるようになりました。

　このように，個別のSSTでは参加者に合わせた形でSSTを実施できることが最大のメリットであり，SSTの効果も行動の変化として現れやすいといえます。一言で不登校，ひきこもり，ニートという形で問題を表現したとしても，どのような経緯で今の状態に至ったのか，また今の状態がどのような要因によって維持されてしまっているのかということは，その個人によって様々です。だからこそ，対象の青年に欠如・不足しているスキルは何かということと，これからの生活環境の中で必要とされるスキルは何かということについて，個別に十分なアセスメントを行い，個人に合わせた支援を行うことが非常に重要であるといえます。

● **集団のSST実践**

　個別のSSTの他に，同じような問題を抱える参加者を複数名集めてグループにし，集団でSSTを実施するという方法もあります。不登校，ひきこもり，ニートといった問題を抱える対象者にグループでプログラムを行うということは容易ではありませんので，研究として報告されているものはほとんどありませんが，児童福祉施設で10名前後のグループでSSTを実施した効果については，服部ら（2012）の論文で発表されています。集団で行うSSTは個別のSSTほどプログラムの内容を各参加者個人に合わせた形で行うというのは難しくなりますが，それでも個別のSSTと同様にアセスメントは十分に行い，参加者に共通して欠如・不足しているスキルが何かという点や，参加者が就学や復学，就職を目指すうえで共通して必要となるスキルは何かという点から，ターゲットスキルを決定します。服部ら（2012）は15〜18歳の男女27名の不登校やひきこもりの青年を対象に，グループでのSSTを実施しました。参加者はすべて施設に入所，通所している者であったため，参加者自身へのアセスメントに加え，日頃から彼らと接している施設職員にも聞き取りを行ったうえで，「人づきあいを開始するスキル」「上手に伝えるスキル」「上手に断るスキル」「問題解決スキル」「面接スキル」の大きく5つのスキル群を標的とし，全20セッションのプログラムを実施しました。1回のセッションに参加したのは平均12名でした。SSTの効果を評価するために，施設職員によるソーシャルスキルの評定を行ってい

るのですが，SST 実施後には仲間関係スキルやコミュニケーションスキルに改善がみられました。また，参加者自身によるソーシャルスキルの評価も SST 後に向上したことから，SSTに参加することで少なくとも参加者がソーシャルスキルを実行できるという自信をもてるようになったといえます。SST の直接的効果であるソーシャルスキルの獲得以外にも，グループで実施することによる二次的な効果もみられました。SST の中では参加者同士でスキルの練習を行うこともあり，参加者同士が関わる機会が増えます。同年齢の相手と関わることに苦手意識の強い不登校やひきこもりの青年にとっては，このような経験が他者と関わることの自信につながったり，あらためて人と関わることの楽しさを感じるきっかけとなることは，グループで実施する SST だからこそ得られる効果だといえます。ライフサポートセンターで実施した SST の効果については，第 1 章の「アセスメント」に詳しく紹介されています。

- 個別化の対応の必要性

ただし，このような集団で行う SST であっても，個別の視点は忘れてはいけません。参加者のソーシャルスキルのレベルは様々で，特に不登校やひきこもり状態にあった期間の長さによって同年齢ではあっても身につけているソーシャルスキルの個人差は非常に大きいことが多いのです。集団で行う場合は，ターゲットスキルは共通のものを設定することになり，基本的には同じスキルについて同じように全員で学んでいくことになりますが，その中でも参加者 1 人ひとりに合わせて個別化した対応をすることは可能です。個別化の対応については，第 2 章の「実施するにあたっての工夫」でも詳しく解説されています。また，個別化対応の具体例については，実践編でも紹介されています。

（5）包括的支援の重要性

紹介した SST の実践例は不登校・ひきこもりに対するものが中心でしたが，不登校，ひきこもり，ニートの青年に共通して極端な社会経験の欠落がみられること，ソーシャルスキルの不足や欠如が問題のきっかけや維持の大きな要因となっていることから，SSTはこれらの参加者にとって非常に有効なアプローチであるといえます。ただここで強調しておきたいことは，あくまでも SST は不登校，ひきこもり，ニートといった問題を抱える青年に対する支援の一部であり，これらの問題の解決のためには SST に加えて生活面，学習面，心理面といった多方面からの包括的支援が必要であるということです。実際に町レベルで不登校ゼロを達成している小野（2006b）のプログラムを見ると，プログラムの内容は SST に加えて生活リズムを整えることから学習支援にまでおよび，再登校までの支援，そして登校してからの登校維持のための支援にいかに包括的なアプローチが重要で

あるかがわかります。ソーシャルスキルを獲得するということはもちろんプログラムの中には含まれていますが，それは全体の一部に過ぎません。また，大阪府立子どもライフサポートセンターで行っている支援も同様に，SSTは学習支援，就職支援，心理支援と包括的な支援がある中の心理支援に含まれる一部の支援です。確かにSSTは効果が実証されているプログラムではありますが，SSTでできることとできないことを理解したうえで，平行して実施するその他のプログラムとどう融合させていくかが大切になってきます。

1-3. SSTの基本

（1）コーチング法

　SSTの歴史は，1960年代にまで遡ります（佐藤・佐藤，2006）。当初のSSTは，適応的な社会的行動を増やす介入を行うことで，子どもの孤立行動や攻撃行動を低減することを目的として行われていました。しかし，その当時のSSTの最大の課題は，訓練したスキルが訓練以外の様々な人や場面に対してみられにくいことと，訓練による効果が長期的には維持されにくいことでした。訓練の中で習得されたスキルが，日常の様々な人や場面に対しても実行されることを「般化」と言いますが，SSTの効果の般化と維持という問題を解消すべく生み出された技法がコーチング法でした。

　コーチング法の特徴の1つは，まず認知的側面へのアプローチを行うという点です。具体的には，訓練されるソーシャルスキルがどのようなものか，それがどうして大切なのか，どのような場面で必要とされるスキルなのか，どのように使えばよいか，という社会的ルールを知識として教えていきます（言語的教示）。想定される対人場面をすべてSSTの中で経験させ，教えていくということは不可能です。また，特定の場面だけで練習を行うと，練習したことのない場面に直面した際には，スキルの実行ができず般化がみられないということになります。そこで，このようにあらゆる場面にも適用可能な形で社会的ルールを教えることで，SSTの般化効果が促進されます。

　コーチング法のもう1つの特徴は，認知的側面へのアプローチにより知識として獲得した社会的ルールを，具体的な行動へ置き換えるという行動的側面へのアプローチも併せて行う点です。具体的には，どのように行動するのかというお手本を見て学習したり（モデリング），実際にスキルを練習してみたり（行動リハーサル），また練習で行ったスキルがうまくできていればトレーナーがほめてくれたり（強化），どのように改善すればもっとよくなるかという情報をもらったり（フィードバック）することで，お手本のように行動できるように練習をしていきます。このように，認知的側面と行動的側面へのアプローチがSSTの効果を最大限に引き出し，また効果の般化や維持を促進すると考えられています。

Ⅰ. 理論編

1980年代以降に実施された SST の多くは，ここにあげたコーチング法の重要な訓練要素である「言語的教示」「モデリング」「行動リハーサル」「強化・フィードバック」が含まれています（佐藤・佐藤，2006）。

（2）コーチング法に含まれる訓練要素の背景にある行動の原理

本書の実践編で掲載しているプログラムの大半は，コーチング法に基づくプログラムです（詳細は，第2章の「セッションの進め方と職員の役割」を参照）。ここでは，コーチング法に含まれるそれぞれの訓練要素には，行動形成の原理がどのように働いているのかを説明します。この原理を理解しておくことは，プログラムをアレンジする必要が出てきた際に非常に重要となります。つまり，極端な言い方をすれば，行動形成の原理が崩れない限りにおいては，自由にかつ柔軟にプログラムをアレンジすることが可能ということです。

・言語的教示：ルールの形成

言語的教示では，ソーシャルスキルがどのようなものか，またどのような場面でスキルが必要となるのか等，参加者と話し合いながら社会的ルールを知識として形成します。様々な場面や状況に汎用性が高いルールが形成されれば，直接経験したことや練習したことのないような対人場面に遭遇しても，そのルールを適用してソーシャルスキルを発揮することができます。また，「こういうときはこのように行動すればいい」ということを知っていることで，未知の対人場面に直面することが予想されるときに起こる不安や心配を，いくらか軽減する効果もあると考えられます。

・モデリング：観察学習

経験に基づく行動獲得の原理では，ある行動をし，それが「よい結果」につながればその行動が頻繁に起こるようになり，「よい結果」につながらない場合にはその行動は起こらなくなっていきます。たとえば，笑顔で元気よく「おはよう！」とあいさつすると，みんなが「おはよう」と返してくれたというのは，自分のあいさつという行動が「よい結果」につながったパターンです。すると，翌日もその翌日も同じように笑顔で元気よく「おはよう！」とあいさつすることでしょう。一方，下を向いてぼそぼそと「おはよう」とあいさつした場合には，ほとんどの友達がそのあいさつに気づかず，返事をしてくれなかったとします。これは「よい結果」に結びつかなかったパターンです。この場合，このようなあいさつの仕方では返事をしてもらえないということになり，下を向いてぼそぼそとあいさつをする行動は改められていきます。つまり，通常の行動獲得のプロセスでは，このように行動を試行錯誤の中で調整していくことになります。

一方で，行動獲得にはもう1つの「観察学習」という原理があります。観察学習では他者が行動し，それがどのような結果になったのかということを観察することで行動を学習していきます。たとえば，プロのゴルファーがショットを打ち，見事にまっすぐに球が飛んでいく様子をテレビで見て，そのゴルファーのフォームを真似てみるのは，まさに観察学習です。自分の経験に基づいた学習ではなく，人の行動とそれに伴う結果を見て学ぶものが観察学習です。SSTではこの観察学習の原理を用いて，「モデリング」を行います。参加者はどのような具体的な行動が「よい結果」につながるのかということをモデルを観察することで学習していきます。

• 行動リハーサル：シェイピング

　シェイピングとは，行動形成の際の技法で，特にまだレパートリーにない新しい行動を形成していく際に有効な方法です。先のモデリングで，お手本となる行動を見て学習するのですが，いざそれを自分がやってみるとお手本のようにはすぐにできないということはよくあることです。そこで，段階を踏みながらお手本に近い形で行動できるようになるよう，練習をすることがシェイピングです。シェイピングのもっとも重要なポイントは「段階的に」という点です。この段階をどのような形で踏んでいくかはいろいろなバリエーションが可能で，参加者の特徴に合わせて柔軟に考えていくことができます。たとえば，「聞くスキル」であれば「相手を見る」「うなずく」「質問する」などのいくつかの行動項目から構成されているので，1セッションの中ではこの複数の行動を形成していくことになります。ただし，一度に複数の行動を形成していくことがむずかしい場合には，その中の比較的簡単な行動項目から始め，段階的に練習する項目数を増やしながら最終的にスキルが完成するように練習を進めるという方法をとることができます。あるいは，練習する場面設定の難易度を易しいものからむずかしいものへと段階的に変えながらステップアップしていくという方法もあります。このように，参加者に必要となるステップをいくつか用意しながら，段階的にスキルが獲得できるように進めていくのがシェイピングです。

• 強化・フィードバック

　強化とは，ある行動をしたことが「よい結果」に結びつき，その行動の頻度が増えるように環境設定をすることです。つまり，リハーサルで参加者が実行したスキルに対して，うまくできていた場合にはそれを具体的にほめたり，相手役として「うれしかった」「心地よかった」などと感想を伝えることで，スキルの実行が「成功体験」という「よい結果」に結びつくことになります。また，スキルとして不十分な点がある場合には，トレーナーやそれを見ていた他の参加者が具体的にどのようにすればさらによくなるかという情報のフィードバックを行い，成功体験に結びつくように導きます。このように，リハーサ

ル場面で実行したスキルに対して，積極的にほめて強化したりフィードバックをしたりすることによって，「成功」と呼べる結果を経験できるように意図的に設定していくことで，ソーシャルスキルが行動として獲得されます。

　強化とフィードバックはシェイピングの中に含まれる手続きで，目標となる行動を練習し，それに対して強化やフィードバックを行うことで行動を形成していきます。その手続きにおいて目標となる行動を段階的に変えながら繰り返し，最終的にソーシャルスキルとして形成していくのがシェイピングです。

*

　山本五十六の有名な言葉に「やってみせ，言ってきかせて，させてみて，ほめてやらねば人は動かじ」というものがあります。この言葉には，ここで紹介した行動形成の原理がすべて含まれています。専門的に説明されると，むずかしく感じられるかもしれませんが，この言葉に端的に表現されているように，行動形成の原理は当たり前のいたってシンプルなものです。

1-4. アセスメント

（1）効果測定の方法

　SSTを行う場合には，そもそもSSTを実施して効果があったのか，効果があったとしたらどんな面に効果があり，どんな面に効果がなかったのかについて確認することが望ましいでしょう。この作業を通して，より適切なSSTの方法を模索することができますし，周囲の人たち（親，同僚，関係機関など）にSSTをする意味を説明することもできます。効果測定をしなくてもSST自体は実施することができます。しかし，学校に学力の習熟度を確認するためのテストがあるように，SSTにも習熟度を確認する手続きは必要になってきます。

　具体的な作業としては，効果の指標となるデータを集め，効果を確認するデータ処理をします。データ収集や処理には様々な方法がありますが，ここで問題になってくるのは，それらをどの程度科学的な方法に基づいてするかということです。せっかく効果測定をするので，それぞれの現場での実情に合わせながらより科学的な手続きを実施したいものです。

　それではSSTにおける効果測定の方法について，以下の4つのステップに分けて説明します。なお，今回は使われることの多い質問紙法を中心に述べます。

表1-2 子どものソーシャルスキル尺度一覧

尺度名	文献	対象者	項目数
小学生用社会的スキル尺度	嶋田ら（1996）	小学生	15
学校における社会的スキル尺度	戸ヶ崎ら（1997）	小学生	22
学校生活スキル尺度（小学生版）	山口ら（2005）	小学生	43
中学生用コミュニケーション基礎スキル尺度	東海林ら（2012）	中学生	24
中学生用社会的スキル尺度	戸ヶ崎ら（1997）	中学生	25
学校生活スキル尺度（中学生版）	飯田ら（2002）	中学生	54
学校生活スキル尺度（高校生版）	飯田ら（2009）	高校生	49

① どんなデータを集めるかを決める
＜データを集める方法＞

　データを集める方法はいくつかありますが，SST の場合は，観察法と質問紙法を用いることが多いと思います。

　SST における観察法では，注目する標的行動を決めておき，それが生じた回数を観察して記録するというものです。そのためには，観察する行動，場所，時間を特定しておく必要があります。例としては，ホームルームが始まるまでの 30 分の間に，教室内で自発的にあいさつをする回数を数える手続きがあげられます。単に行動生起回数を数えるだけではなく，ある特定の行動が生じるまでにかかった時間や，行動の持続時間（着席している時間など）もデータとして考えられます。

　質問紙法は，変化の指標として心理尺度を用います。心理尺度は心理的な傾向や特徴の程度を測定するために作られた，言わばこころのものさしです。測ろうとする心理的特性に関連する複数の質問項目を用意し，その傾向を測定します。これまでに様々な心理的特性を測定する，数多くの心理尺度が作られてきています。また，同じ心理的特性であっても，いくつかの尺度が開発されていることがあります。

＜ソーシャルスキルの尺度＞

　ソーシャルスキルを測定する尺度を例にとって説明をすると，ソーシャルスキルの定義や対象年齢によっていくつかの尺度があります。一例として，子ども自身が回答するソーシャルスキル尺度の一部を表1-2に示しました。ソーシャルスキルをどう捉えるか，どんな部分に焦点を当てるか，網羅的内容か，学校場面に限定するかなどで項目内容は変わってきます。なお，高校生用に作られた尺度はほとんどなく，学校場面に限定したものくらいです。そのため現状では，高校生には中学生用を使うか，学校場面用を使うかになります。表に示したものはあくまで一例で他にも尺度はあります。こういった尺度は，出版されている尺度集，各学会発行の学術論文，各大学発行の紀要などで見つけられますし，インターネットで検索すれば閲覧できるものがあります。また，市販されているものもあ

I. 理論編

表 1 - 3　観察法と質問紙法の長所と短所

	長　　　　所	短　　　　所
観察法	・普段の行動をそのまま観察できる ・言語理解力や表現力を必要としないので対象者の範囲が広い ・データは質的にも量的にも処理できる	・対象となる行動が起こることを待たなければいけない ・一度にたくさんのデータを収集できない ・環境統制がむずかしい
質問紙法	・短時間で容易に実施できる ・一度に多人数からデータ収集できる ・結果を数的に処理することができる	・意識的な部分しか捉えることができない ・回答を意識的および無意識的に歪められる可能性がある ・ある程度の言語理解力のある対象者にしか実施できない

りますので，それを購入して使用することもできます。

＜尺度を選ぶ基準＞

　では数多くある尺度のうち，どの尺度を選んで使ったらよいのでしょうか。選ぶ基準としては，まずは変化の指標としてどのような心理的傾向を把握したいのかによります。SSTなのでソーシャルスキルはもちろんですが，他にも自尊感情や抑うつ傾向など測定したいものがあればそれを使います。1つの尺度に限らず複数の尺度が実施されることもあります。基準の2つめはよい尺度を選ぶことです。よい尺度では，信頼性（繰り返し測定しても同じ結果が得られるか）や妥当性（尺度が測ろうとしているものを実際に測っているか）が確認されており，尺度構成する手続きがちゃんと踏まれています。3つめの基準は，その尺度を作るために調査した回答者の年齢層がSSTの対象者と同じ年齢層であることです。いくらよい尺度でも大学生を対象に作ったものを小学生に使用するのは望ましくありません。子ども用の心理尺度は数が少ないので，ちょうど合う年齢層が見つからない場合もありますが，なるべく近いものを使ってください。

　なお，観察法と質問紙法の長所と短所について表1-3にまとめていますので参考にしてください。

② データを集める手続きを決める

　次に検討することはそのデータをどのような手続き（タイミング）で収集するかです。図1-4にいくつかの例を示したのでこれを確認してください。一番シンプルなのは，図1-4でいうとAパターンで，SSTを実施する前にベースラインとなるデータをとり，すべてのセッション実施後にもう一度同じデータをとる方法です。この方法ではデータ収集は2回だけになります。データ収集にかかる時間も短く簡便にデータ収集ができます。

　SSTの課題であるスキルが維持されているかを確認するために，Bパターンのようにフォローアップのデータ収集をする方法も有効です。具体的には，SST終了直後だけで

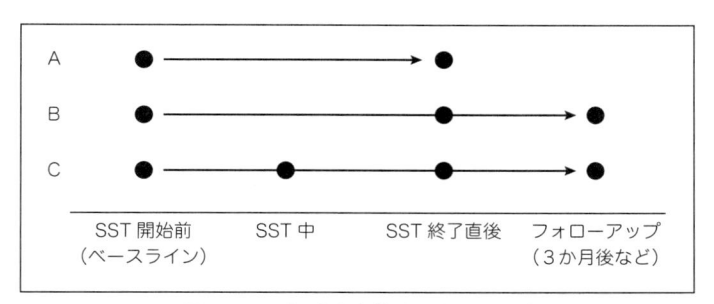

図1-4 データを収集するタイミング

なく，1か月後や3か月後にも同じデータをとり，効果が維持しているかを比較検討します。また，Cパターンのように，SST前，SST中，SST直後，フォローアップの4回のデータ収集を1年間で行い，比較する研究もみられます。もし集めるデータが観察法である場合は，行動の変化を細かに確認することができます。

上記で説明した手続き以外にも，グループ比較をする方法もありますがここでは割愛します。また，質問紙法の場合は，自分で質問項目に回答する自己評定と他者が質問項目に回答する他者評定とがあります。どちらも大切な指標なので，より多角的に結果をみるために，可能でしたら両者のデータ収集が望ましいでしょう。

③ データの変化を比較する

データを収集したら，次にデータを整理し，表現をする作業に移ります。質問紙法では，質問項目に対してたとえば4段階で評定する4件法であれば，1〜4点（尺度によっては0〜3点）を与え，各項目得点の合計点，もしくは平均値（各項目得点の合計を項目数で割った値）を算出します。

複数回データをとっている場合には，基本的には平均値を算出します。ただし**観察法**でデータを得て，しかも飛び抜けて高い数値（外れ値）がある場合は中央値を用いるとよい場合があります。平均値の次は標準偏差を算出しますが，エクセルなどのソフトを使って算出すると簡単です。

次に，これらの数値を折れ線グラフなどの図にして示します。特にCパターンのように数回にわたり測定している場合には視覚的にわかりやすくなります。そしてSSTをする前後の得点の変化を視覚的に判断しましょう。得点に変化がありそれが肯定的であったときには，参加者に有効な支援であったと考えられます。

どのくらいの変化（差）をもって効果があったと判断するかはむずかしい問題です。たまたま偶然の変化であったり，測定誤差の範囲内かもしれません。その判断には主観的な考えも入ってきます。この問題をクリアするためには，より客観的な方法として後から説明する統計的仮説検定を用います。統計的仮説検定は，参加者の数，平均値，標準偏差，

有意水準などによって決まってくるので，一概に何点の差があれば効果があったと示唆できるかをここで示すことはできません。

　次に，平均値に変化がなかったり，否定的な結果であった場合はどう考えたらよいのでしょうか。SST に効果がなかったと断定するのは早計です。もちろんその可能性もありますし，手続きに問題があった可能性もあります。そのことを念頭においてチェックすることは大切です。しかしここで踏むべき次のステップは1人ひとりの変化を確認する作業です。臨床の場では，個人差が大きいことがよくあります。SST の効果のあらわれ方も個人差があります。たとえば，ソーシャルスキル得点がすでに高い子どもに変化がなかったのかもしれません。変化が肯定的，否定的どちらの結果であっても，1人ひとりの変化量を確認する作業は必要不可欠ですし，支援方法を考えるうえで貴重な知見が得られます。

④ データについて統計的仮説検定を行う

　4つめのステップは少しむずかしいので，必須という作業ではありません。SST をする前後の数値を比較して肯定的な変化があった場合，本当に効果があったとより客観的に認められるためには，統計的仮説検定を行うことが必要になります。統計的仮説検定とは，効果がある，効果がないという2つの仮説を立て，どちらの仮説が正しいかを検定する手続きのことです。

　たとえば，SST をすることによってソーシャルスキル得点が上がったかどうかを確認したいとします。この場合には，SST 前より後の方が得点が高い（差がある）という仮説と，得点に変化はない（差がない）という仮説が立ちます。そして，統計的仮説検定を用いて有意な差が確認されれば，SST 前より後の方が得点が高いという仮説を採択します。なお有意とは，統計的手法を用いた結果，「今回得られた結果は偶然起こった可能性は低く，意味がある結果と考えられる」ということを示すものです。統計的仮説検定の結果，有意差があれば SST には効果があったと示唆されるわけです。

　統計的仮説検定は，データの種類や目的によって様々な方法がありますが，SST で効果測定をする場合には，平均値の差の検定をする手法である t 検定や分散分析が用いられることが多いと思います。具体的な手続きについては，統計に関する書籍を参考にしてください。エクセルを使って行うこともできます。しかし，統計的仮説検定を用いる場合には一定数以上（たとえば10人以上など）のデータ数が求められます。人数が少ない場合（たとえば6〜9人など）は，ウィルコクソンの符号付順位検定やフリードマン検定といったノンパラメトリック検定が行われることがあります。また近年は，これまでに説明した仮説検定だけでなく，併せて効果量（コーエンの d 値など）を報告することが推奨されるため，可能であればこれを算出してください。

　科学雑誌に学術論文として掲載されている SST のほとんどがこの統計的仮説検定がな

1. SSTをはじめる前の基礎知識

されています。少し複雑な手続きにはなってしまうのですが、より科学的、客観的に効果測定ができるので、条件が整っていたら統計的仮説検定を是非行ってみてください。

（2）大阪府立子どもライフサポートセンターでのSSTの効果について

　大阪府立子どもライフサポートセンターでは、SSTを実施する際には効果測定を行っています。ここでは、効果測定の一例として当センターの結果を紹介します。具体的には他者評定と自己評定について、また自己評定についてはすべてのセッション前後の変化とセッション内の変化の2つについて紹介します。

① 他者評定

　他者評定は周囲の大人が日常の様子をみて評価します。大阪府立子どもライフサポートセンターでは施設の心理職員がSSTを受ける前と後に、参加者のソーシャルスキルの評定を行いました。評定には「ソーシャルスキル尺度」（上野・岡田, 2006）を用いることが多く、その尺度は、「集団行動」、「仲間関係スキル」、「コミュニケーション」の3つの下位尺度から構成されています。なお、それぞれの質問項目について「いつもできない（1点）～いつもできる（4点）」の4件法で評定を行います（最高192点）。

　それではある年の結果について説明します。SSTを受ける前と後のそれぞれで参加者の平均得点を算出し、変化を確認しました。結果、ソーシャルスキル尺度全体の平均得点は120点から136点に16点上昇していました。そしてこの増加は、統計的仮説検定（t検定）を用いた結果、統計的にも有意な（偶然ではなく統計学的にみても確かな変化である）差でした。下位尺度ごとでは、「集団行動」が117点から124点に7点上昇、「仲間関係スキル」が126点から151点に25点上昇、「コミュニケーション」が118点から132点に14点上昇していました。それぞれの上昇量が有意であるかについて統計的仮説検定（t検定）を行ったところ、「仲間関係スキル」、「コミュニケーション」が有意に上昇していました。一方で、「集団行動」は有意ではありませんでした。なお、他の年の結果でも「仲間関係スキル」がより大きく上昇している結果が得られています。

　この結果からは、①SSTを実施することで、他者からみたソーシャルスキルは向上していること、②ソーシャルスキルの中でも、特に仲間関係スキルやコミュニケーションスキルの向上に寄与することが示唆されます。仲間関係スキルとは、友達との関係をはじめ、それを維持し、ときには援助するといったスキルです。またコミュニケーションスキルとは人づきあいの中でアサーティブに主張するスキルです。これらは、不登校・ひきこもり・ニートの子どもが苦手なスキルであり、その分野への効果は支援方法としてSSTが有益であることを示していると考えられます。

Ⅰ. 理論編

② 自己評定

<すべてのセッション前後の変化>

次に参加者自身が評価をする自己評定です。先ほどの他者評定と同じように全セッションの最初と最後に自分で評価をしてもらいました。なお，どの心理尺度を用いるかは，その年によって異なります。

それではある年の結果です。この年は，1回目のセッションと最終回に，①「中学生用社会的スキル尺度（戸ヶ崎ら，1997）」，②「対人不安尺度（松尾ら，1998）」，③「自尊感情尺度（山本ら，1982）」の3つを実施しました。その合計点の変化を比較すると，①社会的スキル得点（得点が高いほどスキルが高いことを意味する）については，1回目の平均値が68.4点，最終回の平均値が73.8点であり，5.4点上がっていた，②対人不安得点（得点が高いほど不安が高いことを意味する）については，1回目の平均値が，48.6点，最終回の平均値が41.1点であり，7.5点下がっていた，③自尊感情得点（得点が高いほど自尊感情が高いことを意味する）については，1回目の平均値が20.9点，最終回目平均値が21.1点であり，0.2点上がっていたという結果でした。また3つの指標について統計的に意味のある差なのかについて確認するために，統計的仮説検定（t検定）を行うと，社会的スキル得点の増加と，対人不安得点の低下が有意でした。

この結果からは，社会的スキルの増加や対人不安の低下に効果があり，自尊感情には影響していないことが示唆されます。SSTはとても有用な支援方法ですが，もちろん万能ではありませんし，効果が得られやすい面とそうでない面を把握していくことが重要なのです。それにより，個別の心理療法（カウンセリング）を並行して行うなど，異なるアプローチを組み合わせることを検討できます。

なお，自己評定は参加者の自己覚知を促す目的で使うこともできます。つまり，心理尺度の採点を自分ですることで自身の特徴を知ってもらったり，結果をフィードバックすることもあります。併せて2回目には1回目と比較する作業を行い，変化を実感してもらうこともあります。

<セッション内の変化>

これは自己評定の中でも毎回のセッションの始めと終わりに，参加者自身にその回に学習するターゲットスキルの行動項目（各セッションの行動項目については実践編を参照）についてどの程度できると思うかを評価してもらう方法です。ここでは，それぞれの行動項目について「まったくできない（1点）〜いつもできる（5点）」の5件法で評定をしてもらいます。この指標は実際の社会的スキルの変化ではなく，できそうかどうかという自己効力感を示すものと考えられます。このセッション内の変化を確認する目的は，参加者がスキルが身についたと実感しやすいセッションかどうかを把握することで，ターゲットスキ

ルを取捨選択するときの材料にすることです。

　セッション前とセッション後の比較をすると，どの年でもほとんどすべてのセッションにおいて平均得点が上昇しています。つまり SST を受けることで参加者自身がスキルが向上したと感じていました。一方で，すべてのセッションで統計的にも有意な差が認められるかと言えばそうでもありません。ターゲットスキルの内容によって，効果が得られやすいものとそうではないものがあります。年によって多少結果が異なるのですが，概ね以下の結果になります。

＜効果の得られやすいスキル＞
　効果が得られやすいターゲットスキルの1つとしては，はじめの方で取り上げる，「関係開始スキル」があげられます。これは対人場面の中でも基本的なスキルであるために取り組みやすく，より自己効力感をもちやすかったのではないかと推察されます。そして最後の方に行う「面接スキル」についても効果が得られやすいです。ターゲットスキルが曖昧ではなくはっきりしたものであり，参加者がわかりやすい内容であることが大切なのでしょう。以前，「問題解決スキル」をターゲットスキルに設定し，4セッションを行ったことがあります。このときは半数のセッションしか有意な差が認められませんでした。おそらくは，考えることに重きを置いた内容であることや，ゴールがイメージしにくく，自分のスキルの変化が捉えにくかったためではないかと考えています。やはり理解のしやすさは重要な要素なのでしょう。また同じターゲットスキルでもセッションによって効果の表れ方は異なります。たとえば「伝えるスキル」では，気持ちを伝える内容より，要求を伝える内容の方がより自己効力感をもちやすいようです。
　有意な効果が得られにくいこともあるターゲットスキルとしては「断るスキル」が挙げられます。緊張や不安が関係する内容なので参加者の特性が影響して身につけることがむずかしかったのだろうと推察されます。断るなどの主張性スキルの学習のためには，緊張や不安へのアプローチも併せて行うことが求められるかもしれません。

＜SST の効果＞
　先ほど触れたようにセッション内の変化は実行できるという自信や自己効力感を表していると考えられます。自信に乏しい参加者が多いことを考慮すると，単にスキル学習ではなくそれに付随する側面も有益です。
　セッション内の変化ではなく，1つのスキルを複数のセッションを使ってトレーニングする場合の変化をみたこともありました。たとえば「怒りや抑うつとつきあうスキル」については，5セッションを通して練習しましたが，1回目のはじめと5回目の最後に評定をしました。使用した尺度は「子ども用バールソン自己記入式抑うつ尺度（村田ら，

1996)」と「日本版 Buss-Perry 攻撃性質問紙（安藤ら，1999）」です。平均値の比較をすると，抑うつ得点（得点が高いほど抑うつの程度が高い）については，13.8点から12.2点に1.6点下がり，攻撃性得点（得点が高いほど攻撃性の程度が高い）については，73.2点から68.6点に4.6点下がっていました。すべてのセッションに参加した人数は5名だったので，統計的仮説検定はしていませんが，全員が抑うつ得点，攻撃性得点ともに下がっていました。

*

　これらのデータを通観する限り，SST は自己評定，他者評定ともに効果的であることを示唆していると考えられます。SST を実施することで不登校やひきこもりの問題すべてを解決することにはなりませんが，集団や人づき合いが苦手な子どもの基礎的な力をつける働きがあると推察されます。

　なお，上記の結果については学会で報告したものもあり，詳しく知りたい場合は以下を参照ください。

服部隆志・福井智子・塩見沙織・大対香奈子　2010　青年期の不登校・ひきこもり児童への SST の実践（3）――SST の効果について　日本心理臨床学会第29回大会発表論文集，445.
服部隆志・奥野美和子・木口祥孝・津崎陽子・佐々木亮人・髙坂真理子・木野知子・大対香奈子　2013　不登校・ひきこもり・ニートの青年への SST の実践――社会的自立を目指して　第13回日本認知療法学会，C-P-035.
服部隆志・塩見沙織・福井智子・大対香奈子　2012　青年期の不登校・ひきこもりに対する SST の実践　心理臨床学研究，**30**，513-523.

2 セッション開始に向けて

2-1. セッションまでの準備

　SSTを実施することが決まったら，下図のような順序で準備を進めていきましょう。セッションを円滑に進めていくためには，事前の準備が大切です。ここでは，アセスメントから必要なものの準備までの事前準備についてあつかいます（図2-1参照）。

（1）アセスメント

　SSTを実施する前に，ソーシャルスキルを中心とした参加者の特徴を把握する必要があります。この情報収集のことをアセスメントといいます。アセスメントで得られた情報をもとに，SSTで指導するターゲットスキルを選びます。したがって，アセスメントは参加者のニーズや状態に見合ったSSTを行うための重要な作業です。

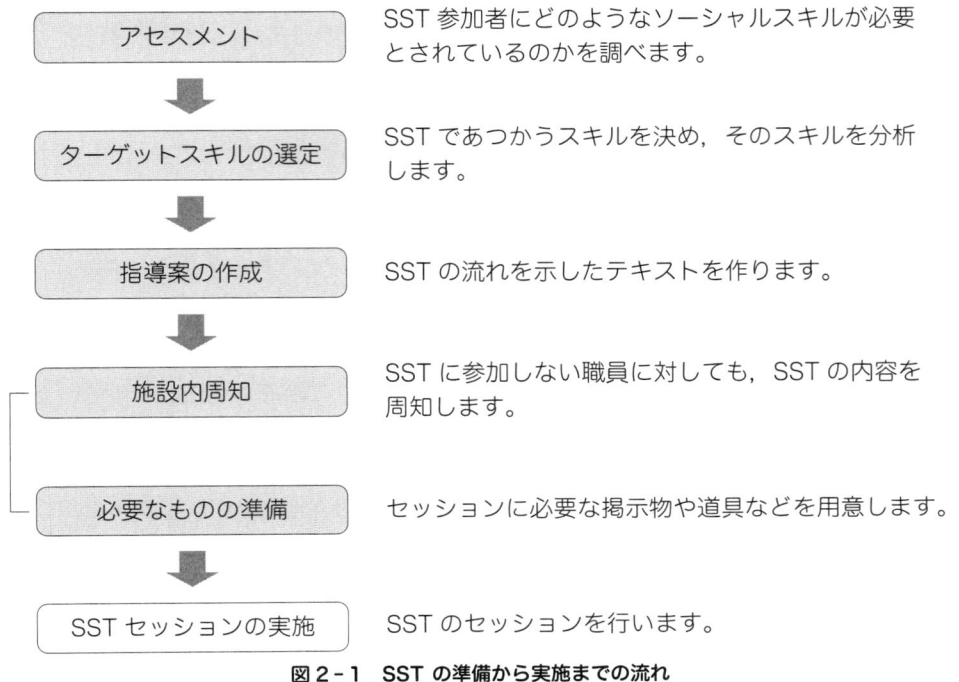

アセスメント	SST参加者にどのようなソーシャルスキルが必要とされているのかを調べます。
ターゲットスキルの選定	SSTであつかうスキルを決め，そのスキルを分析します。
指導案の作成	SSTの流れを示したテキストを作ります。
施設内周知	SSTに参加しない職員に対しても，SSTの内容を周知します。
必要なものの準備	セッションに必要な掲示物や道具などを用意します。
SSTセッションの実施	SSTのセッションを行います。

図2-1　SSTの準備から実施までの流れ

表2-1 ターゲットスキルを選ぶポイント

① 少し努力すれば自分でできそうなこと

② 「〜しない」ではなく，「〜する」という前向き，積極的な行動であること
⇒「人を避けない」ではなく，「あいさつをする」

③ はっきりした目標があること
⇒参加者の生活の短期的，長期的目標を踏まえた課題であること。受験をして学校に通うことが目標であれば，受験のための「面接スキル」や入学以降必要になる「関係開始スキル」などをあつかう。

④ 自分で選んだ課題であること
⇒意欲をもって参加できることが望ましいので，希望がある場合はなるべく対応する。

⑤ すぐに今日から実行できるようなものであること

⑥ 練習のポイントが明確になっていること
⇒たとえば「あいさつスキル」であれば「相手の方を見る」「相手に聞こえる大きさの声で言う」など

⑦ 少しずつ，スモールステップで練習の成果を積み重ねできること

⑧ 社会的に許される行動であること

（2）ターゲットスキルの選定と課題分析

・ターゲットスキルの選定

アセスメントの結果をもとに，SSTで指導するターゲットスキルをあげていきます。アセスメントの結果から，参加者にあまり獲得されていないスキル，参加者から獲得したいと希望がでたスキル，参加者に必要だと思われるスキルが対象となりますが，どんなスキルでもSSTであつかえるわけではありません。ターゲットスキルを選ぶ際には，表2-1に示した8つのポイントに留意するとよいでしょう。

継続的にSSTを行う場合は，ターゲットスキルを取り組みやすいものから配置し，少しずつ練習を積み重ねられるようにします。たとえば，「伝えるスキル」をあつかう場合，感謝の気持ちを伝える→謝罪の気持ちを伝える→自分も相手も尊重して気持ちを伝える→要求を伝えるというように段階的に，前セッションの内容を踏まえて行えるようにします。取り組みやすく，参加者にとって容易だと思えることから始めることで，「できた」という経験を積み重ね，より意欲的にSSTに取り組んでもらうことができます。

・課題分析

ターゲットスキルが決まったら，次にそのスキルを1つひとつの要素（行動項目）に分けていきます。これを課題分析といいます。課題分析は重度の障害をもつ人に複雑な行動を教えるための方法として用いられてきました。SSTにおいても，ターゲットスキルを

表2-2　あいさつスキルの課題分析

ステップ
1　相手から見えるところに行く
2　相手の方を見る
3　相手に聞こえる大きさの声で言う
4　相手や場面にあった言い方で言う
5　笑顔で言う

課題分析することで，指導するポイントを明確にすることができます。例として，「あいさつスキル」を課題分析してみましょう。よいあいさつという一連の行動を1つずつの行動に分けると，表2-2のようになります。

　表のような行動項目の理解もむずかしい場合は，各行動項目をさらに細かく課題分析します。たとえば，「2．相手の方を見る」という行動項目は，「背筋をただす」「足を閉じる」「手は気をつけの位置におく」「相手の方向にからだを向ける」「顔をあげる」「目線は相手の顔に向ける」という6つのステップにさらに細かく分けることができます。課題分析で分けられた行動項目は，SST のセッションの中で，スキルを獲得するための練習のポイントとして参加者に示します。各行動項目は具体的で，理解しやすいものにしましょう。

（3）指導案の作成

　ターゲットスキルが決定したら，指導案を作成します。指導案とは，いわば SST の台本のようなもので，1つのセッションの流れを詳細に示したテキストのことです。本書の実践編では，各スキルの SST に用いる指導案が掲載してありますので参照してください。指導案を作る利点として，次の6つがあげられます。

① 事前にセッション進行のイメージをつかむことができる
② セッションの進行がスムーズに行える
③ 目的やターゲットスキルの指導からぶれることなく進められる
④ セッション中の職員の役割分担を明確にできる
⑤ 複数の職員間で，セッションの内容や目的を共有することができる
⑥ 職員以外の人にもセッションの内容を共有できる

　また，セッションの流れを詳細に決めておくことで，参加者の反応もある程度予測することができます。指導案を作成したら，参加者の反応と，それへの具体的な対応を考えて

表 2-3　指導案の構成要素と順序

① あいさつ
② アクティビティ
③ 教示　　　　　　　　　　　　　　　　｜
④ モデリング　　　　　　　　　　　　　｜ 基本の4要素
⑤ 行動リハーサル＆強化・フィードバック｜
⑥ 振り返り＆ホームワーク

おくことも大切です。

　SSTは基本的には「教示」「モデリング」「行動リハーサル」「強化・フィードバック」の4つの要素から構成されています。指導案には，この4つの要素すべてをこの順序の通りに入れるようにします。指導案はこの4つの要素に，事前の「あいさつ」「アクティビティ」と「振り返り＆ホームワーク」をつけた内容から構成します。表2-3に指導案の構成内容と順序をまとめました。

・指導案作成のポイント

　指導案を作成するときのポイントについて説明します。指導案の体裁や作り方について，決まった方法はありません。職員の熟練度が高ければ，詳細に作りこまず，大枠だけを決めておいてもいいでしょう。また，参加者の特徴によっても作り方が異なります。知的障がいをもつ参加者を対象とした場合は，抽象的概念やむずかしい言葉をなるべく使わず，短い文章で説明する必要がありますし，セッション自体も短時間で終わるように工夫が必要かもしれません。どのような形で指導案を作るのかは，職員，参加者，実施場所のそれぞれの特徴を踏まえて，工夫してください。作成のポイントについては表2-4に示していますので参考にしてください。

　本書の指導案は，職員の台詞なども詳細に記載してあります。しかし，この通りに読み上げたり，この通りに記憶して話すことを目的としていません。映画やドラマのシナリオとは違って，あくまでもセッションの流れを示したテキストです。参加者がスキルを習得すること，習得しやすいセッションを行うことが大切です。そのことを忘れずに，指導案を作成し，使ってください。

（4）施設内周知

　SSTにおいて，「般化・維持」というのも重要なポイントです。「般化」というのは，SSTのセッション内で学び，練習したスキルを実際の生活場面で，相手や状況が異なっても使えるようになることをいいます。「維持」というのは，学習したスキルを使い続け

表 2-4 指導案作成のポイント

① 指導案の構成要素は正しい順序ですべて入れる

② むずかしい用語を使わず，理解しやすい説明をする
　⇒たとえば「行動項目」は「練習のポイント」などに言い換える。

③ 指導案の各部分の目的を明確にする

④ 日常生活に根ざした内容をあつかう
　⇒学習したスキルが，トレーニング後に日常場面ですぐ使えるように，日常生活でよく出くわす場面でモデリングと行動リハーサルを行う。

⑤ 参加者が積極的に関われる内容にする
　⇒参加者が自発的，積極的に参加できるよう発言や挙手を求める投げかけをする。

⑥ 五感を使う内容にする
　⇒話を聞くだけではなく，モデリングを見たり，行動リハーサルで実際に動いて練習する。行動項目を掲示物にして掲示するなどの工夫をする。

⑦ 参加者が楽しみながら参加できる工夫をする
　⇒特に低年齢の子どもの場合は，小道具を使ったり，アクティビティを工夫する。

ることができることです。「般化・維持」とはつまり，スキルを自分のものとして使いこなしていくことです。SSTのセッション内で上手に練習できていたとしても，それを日常生活で発揮できるかどうかはわかりません。スキルの般化・維持は，強化を受けることで成り立ち，より強固なものとなります。したがって，日常生活でスキルを使ってみて強化される環境を整えることが大切です。強化される環境とは，参加者の周囲の人がSSTであつかったスキルをよく理解し，参加者の普段の生活でもフィードバックを行える環境です。事前準備で指導案を作ったら，家族，施設内の他職員，学校の先生など参加者をとりまく人にその内容を周知し，学習したスキルに注目して参加者をみてほしいことを依頼しましょう。施設内周知の方法として考えられることを表2-5にあげました。

　日常生活で強化を行うといっても，実際にはむずかしいこともあります。そこで，有効な方法として，ホームワークがあります。ホームワークでは，できるだけ周囲の人の協力を得て実施しましょう。たとえば，「あいさつスキル」であれば「あいさつスタンプラリー」と称し，参加者にスタンプ台紙を配布します。周囲の人にはスタンプを用意し，参加者が上手にあいさつできればスタンプ台紙にスタンプを押してもらいます。ホームワークというツールを使うと，参加者も周囲の人もあいさつを自然と意識することができます。

　前述したように，SSTのセッションを行うだけでは，参加者がスキルを自分のものにすることはむずかしいです。施設内に周知する作業は大変さも伴いますが，周囲の人も巻き込んで，施設全体で参加者に関わりましょう。

I. 理論編

表2-5 施設内周知の方法

①　SSTの日程とターゲットスキルについて掲示する

②　指導案を配布または回覧する

③　SST実施後も参加者の様子を含めて報告する

④　施設や学校内の職員に対して研修を行い，SSTについて知ってもらう
　⇒スキルの獲得には，日常生活において周囲の人から強化を受けることが大切だということを知ってもらう。

（5）必要なものの準備

指導案の準備ができたら，あとは実施するだけです。必要なものを準備しセッションに備えましょう。必要なものは，SSTを実施する部屋，参加者人数分の椅子，黒板もしくはホワイトボード（白板）です。具体的な空間配置などは次の「セッションの構成」を参照してください。ホームワークを行う場合は，参加者に配布するホームワークのプリントも用意するといいでしょう。また，アクティビティ，モデリングや行動リハーサルに小道具を使う場合は用意してください。

次に，SSTに利用できる補助道具について説明します。補助道具を使うことで，より効果的にトレーニングをすることができます。大きく分けて，セッションの中の理解を助けるものと，参加意欲を高めるものがあります。

＜理解を助けるもの＞

① SSTの心がけ・約束ごとのポスター

SSTの心がけや約束ごとをポスターにして，黒板に貼っておきましょう。セッション中にいつでも目にすることができるので，最後まで心がけや約束ごとを忘れずに取り組むことができます。

② 練習するポイントの掲示物

行動項目を，練習するポイントとして参加者に示しますが，掲示物にして貼るとよいでしょう。掲示物にすることで，目立ちますし，参加者の注目も集めることができます。知的障がいのある参加者がいる場合は，文字にして示すだけではなく，絵にして掲示してもいいでしょう。注意を引くために，掲示物は明るい色の紙を使ったり，大きな文字で書くなどの工夫もしてください。

＜参加意欲を高めるもの＞
① 名札
　SSTのセッション中は，参加者の名前でも参加者自身が決めた呼ばれたい名前でもどちらで呼び合ってもよいです。それを名札に記入し，つけます。日常生活とは違う名前を選んだ場合は，今はSSTの時間だと意識したり，遊びや学習の時間とは違うのだと意識できます。
② 参加者用ファイル
　参加者それぞれにSST用のファイルを配布します。セッション中に記入したプリント，ホームワークの用紙，出席表などをファイリングします。ファイルを見て復習することもできますし，SSTに参加した成果が目に見える形でたまっていくことで，参加者の自信や参加意欲を高めます。
③ 出席表とシール
　参加者に出席表を配布し，SSTに参加したら出席表にチェックします。シールやスタンプを用いるのもいいでしょう。これは，トークンエコノミー法という行動療法の技法に基づいています。SSTに参加するという適切な行動に対してトークン（代用貨幣）という報酬を与えて，参加頻度を高めます。トークンが一定量に達したら物品との交換を行ったり，特定の活動が許されるという約束をしてもよいでしょう。この方法はSSTのいろいろな場面で応用できます。出席だけではなく，行動リハーサルでの練習回数やホームワークの取り組みなどに対しても利用できるでしょう。
④ 修了証
　SSTのトレーニングがすべて終了したら修了証を1人ひとりに手渡します。これはSSTに取り組んだこと自体を強化することになります。また，目に見える形で残すことで，SSTに参加してがんばったと参加者に自信をつけてもらいます。

＊

　必要なものの準備が済んだら，いよいよSSTのセッションの実施です。

2-2. セッションの進め方と職員の役割

　一口にSSTと言っても，その進め方には様々な方法があります。大きく異なる点の1つが，そのセッションであつかうターゲットスキルをこちらであらかじめ決めておくか，その場で参加者から出してもらうかです。本プログラムは，主な対象者を小学生から高校生までの子どもと想定しています。そのため前者の方法で，中でも行動論的SSTもしくはコーチング法と呼ばれる手続きを中心に述べていきます。

I. 理論編

表2-6 セッションの構成

		内容	時間配分 (計90分)	時間配分 (計50分)
前半: ウォーミング アップ	①あいさつ	参加者全員であいさつをする。また,セッション全体の約束事を確認する。	5分	10分
	②アクティビティ	アイスブレイクのために集団でゲームを行う。参加者同士の相互作用を増やし,緊張をほぐす。	15分	
後半: スキル練習	③教 示	練習するスキルの内容,どうして大切なのかを伝える。必要であれば前回セッションのおさらい,ホームワークのフィードバックを行う。	5分	5分
	④モデリング	具体的な場面について適切なスキルの使い方をトレーナーが実演をする。またそれについて参加者に意見を出してもらったり,話し合いをする。	20分	10分
	⑤行動リハーサル& 強化・フィードバック	参加者を小グループに分け,ロールプレイでスキルを使う練習をする。職員はフィードバックを行い,参加者同士でも意見を出し合う。	40分	20分
	⑥振り返り&ホームワーク	セッションの振り返りとまとめを行い,日常生活場面で行う課題を提示する。	5分	5分

(1) セッションの構成

　まず全体像を把握するために全体の流れを表2-6に示します。1セッションは前半のウォーミングアップと後半のスキル練習で構成されます。

　前半ではあいさつとアクティビティで参加者同士の相互作用を増やし,スキル指導へのウォーミングアップを図ります。後半は,はじめに参加者全体に各セッションで練習するスキルを説明し（教示），次に設定された具体的な場面について適切なスキルの使い方を職員が実演します（モデリング）。その後,参加者を小グループに分け,グループごとに参加者がロールプレイをしながらスキルを練習をします（行動リハーサル）。その際に,職員はよかった点をほめ（強化），改善すべき点をアドバイスします（フィードバック）。最後に,ホームワークを出し,SST場面だけでなく日常生活場面でも学んだスキルを練習し,般化・維持できるように図ります。

　本プログラムは1セッションに90分を使っています。間には10～15分の休憩を入れます。もし1セッションに45～50分しか使えない場合には,なるべく行動リハーサルに多くの時間を使うように構成してください。なお,表の時間配分はあくまで目安なのでこれにこだわる必要はありません。

　また,空間配置の例を図示しています（図2-2参照）。プリントワークなどで参加者に書く作業があるとき以外には机はすべて後ろにまとめておきます。参加者の人数規模に合わせた十分な広さの部屋を用意しましょう。それでは順を追って進め方と職員の役割について説明をしていきます。

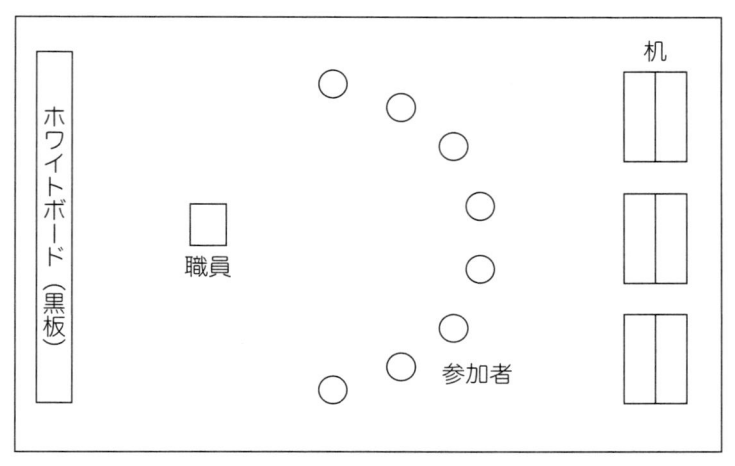

図2-2 空間配置

（2）進め方と職員の役割

① あいさつ

　セッションではじめにすることは，日常の対人関係でもはじめにすることと同じで，あいさつです。いったん全員が部屋の外に出て，1人ずつ中に入ってもらい，中に立っている人にあいさつをしていきます。または，部屋から出ずに前に立っている職員に1人ずつ前に出てあいさつをする方法もあります。「おはようございます」「こんにちは」「よろしくお願いします」などどんなあいさつをするかは参加者の自由です。

　あいさつが終わると，SSTの基本的な約束事をします。今回のプログラムでは，

- 積極的に練習しよう
- 他の人のやり方を見てみよう
- 友達が上手にできていたらほめてあげよう
- 自分でいろいろと工夫してみよう（オリジナルバージョン）

の4つをあげています。しかし，他にも「恥ずかしがらずに取り組もう」「他の人の悪口は言わない」なども考えられます。実施場所にあった内容を考えてください。

　以上のあいさつと約束事の確認の2つは，1回目のセッションだけでなく，毎セッションの冒頭にします。

② アクティビティ

　子どもの中には，対人緊張や不安が強く，グループワークが苦手な子どももいます。そのためスキル練習でしっかり取り組んでもらうためには，ウォーミングアップが必要です。

Ⅰ. 理 論 編

このアクティビティはアイスブレイクの役割があり，参加者が楽しめる活動をします。職員が複数いる場合には，メインではなくサブ職員が担当するとよいと思います。

　アクティビティの内容は，人数や年齢によって異なってきますが，いくつかの例を実践編にのせているので参考にしてください。最初のころはなるべく勝ち負けがないものや，みんなの前で発表することがないものをします。またグループに分かれる場合は，仲のよい児童・生徒を一緒にします。慣れてくると，グループ内で相談する内容を盛り込んでいきます。また，そのセッションであつかうターゲットスキルと関連のある内容や，自然と参加者同士の関わりが増えてくるようなものだとさらによいでしょう。

③ 教　示

　ここからスキル練習に入ります。最初の作業は，今日のセッションはどんなことを目標に，どんなことを練習するのかを明確にして伝えることです。教示と呼ばれる手続きです。取り上げるスキルがどうして大切なのか，どんなポイントに気をつけるかなどを説明します。必要に応じてホワイトボード（黒板）を使い，より理解しやすいように視覚化を心がけます。また，前回のセッションと連続性のあるセッションである場合は，前回のセッションのポイントを簡単におさらいします。また，ホームワークをしている場合には，ここで取り組み状況をフィードバックすることができます。

　ここで大切なことは，長々と説明をしないことです。セッション中においてこの教示が参加者には一番集中しにくいところでもあります。そのため，伝えることの要点は絞りましょう。また，進行役のメインの職員も，参加者に伝えたい要点を明確にもっておくことは重要です。毎回，指導案（シナリオ）を作成しますが，一字一句間違わずに伝えることが大切なのではなく，説明がぼやけずに，明確でシンプルな要点を繰り返し伝えることの方が大切です。

④ モデリング

　教示が終わると，「見て学ぶ」ことを目的としたモデリングに移ります。ここは，職員がある場面をモデルとして実演してみて，参加者がそれを観察して学習するというものです。場面はたいてい２回実施し，１回目によくないやり方を見てもらい，「これはどんな場面なのか」「このとき〇〇さんはどんな気持ちなのか」「どこがよくなかったのか」「代わりにどうすればよかったのか」などについて，参加者に意見を出してもらいながら話し合いをします。そして，出してもらった意見をまとめる形で，今回のターゲットスキルのポイント（行動項目）を示します。その後に，２回目のモデリングとしてよいモデル，望ましいやり方を見てもらいます。セッション全体が50分しかとれない場合はよいモデルを示すとよいでしょう。

ここでの場面例は，参加者にとってなじみのある，実際に困ったことがある場面を設定することが重要になります。そのため，事前にアンケートをとっておき，どういう場面で困ったことがあったのかを聞いておく方法が有効です。動機づけや学習効果を上げるためにも，場面選択は大事にしたいです。

今回のプログラムは，対人場面で必要なスキルを中心に取り上げているため，モデリング場面でも複数の人物が出てきます。そのため職員も複数必要になります。3人以上の職員で実施できる場合は，メイン以外の2名で実演します。メインは進行役ですので，参加者に考える内容を示したり，意見を出してもらったりします。参加者から想定外の意見が出ることはよくありますが，否定せずに表現を変えて「～ことが言いたいのね」とより適切な意見に導けるようにしましょう。また，注意がそれている参加者がいれば，モデリング場面についての質問を投げかけることでプログラムに取り組めるように対応しますし，適切な意見がなかなか出ないときは他の職員に質問をして，意見を出してもらうことがあります。

なお，2人目の職員は，①モデリング場面で役をする，②参加者から出てきた意見をホワイトボードに書く，③ターゲットスキルのポイントをホワイトボードに書くなどをします。なお，板書では参加者が無視されたと感じないように出された意見は基本的に全部書きましょう。3人目の職員がいる場合は，注意集中が続かない参加者，補足説明が必要な参加者といった，特定の参加者の横で個別的な関わりをします。

1人しか職員がいない場合には，このモデリングの実施がむずかしくなります。工夫としては，別紙にシナリオ（台本）を用意しておき，職員と参加者（のうちだれか1人）とでそれを見ながら実演する方法が考えられます。または，紙芝居のように場面を絵にして示すことや，市販されている場面カードを用いる方法もあります。大切なことは対人葛藤場面を客観的に観察するということでしょう。

⑤ 行動リハーサル（ロールプレイ）と強化・フィードバック
＜行動リハーサル＞
ここはSSTでもっとも大切な部分になります。聞いて学習，見て学習するだけではなく，実際にやってみることがスキル獲得には有意義だからです。職員の人数にもよりますが，参加者は3～5名の小グループに分かれて練習をします。この行動リハーサルは参加者に緊張を強いるので，はじめのうちは仲のよい参加者同士でグループを作りましょう。また仲がよすぎてふざけてしまう場合には，逆にグループを分けることもあります。慣れてくるといろいろな人を相手に練習できるようにグループ分けをします。

練習をする場面は，モデリングで示した場面の他にもいくつか用意し，参加者にどの場面を練習したいか聞きます。こちらが用意した場面以外でも，参加者から練習したい場面

の希望が出てくればなお有益です。

　練習相手は職員がすることが多いですが，慣れてくれば参加者同士ですることもあります。もし学生ボランティアや実習生が来ている環境であれば，練習の相手役をしてもらいたいものです。というのも，般化のためには日常あまり接することのない人との練習がとても効果的だからです。

＜強化・フィードバック＞
　職員は，参加者が練習をするたびにフィードバックをします。勇気をもって練習できたことをほめ，具体的にどこがよかったか，どういう点を工夫すればさらによいかなどを伝えます。たとえターゲットスキルのポイントがうまくできていなかったとしても，練習できたこと自体を評価することで緊張感，抵抗感を少なくできます。フィードバックをする際に気をつける点は，「～ができていない」「～がよくなかった」など否定的な言葉遣いをしないということです。もちろん，ここはこうしてほしいと思うことがあるので，そのときは，「もう少し大きい声で言えたら，相手によく伝わるよ」などと具体的に伝え，2回目の練習に生かしてもらいましょう。

　強化・フィードバックでは参加者に意見を求めることもあります。参加者同士が評価し合うこともグループの重要な機能になります。この行動リハーサルは，自分の練習をするだけでなく，モデリングで他の参加者の練習を見ることにも意義があります。したがって，評価し合うことでより注意深く観察することを促せます。もし否定的な意見が出てきそうであれば「○○さんのよかったところはどんなところだった？」という聞き方ができます。

＜外出先での行動リハーサルと認知リハーサル＞
　セッションの中では外出編（フィールドワーク）を用意しています。教室の外で練習したスキルを使える課題をいくつか用意し，参加者に取り組んでもらうというものです。これは般化・維持を促すことを目的に設定されていますが，実際の社会場面で行われる行動リハーサルです。もちろんその際にもしっかりと強化・フィードバックをしてあげましょう。

　なお，実践編のセッション14～18のように，ここで個別のプリントワークをすることもあります。これは，認知再構成法と呼ばれる手続きで，考え方を変える場合の手法です。行動や気持ちは考え方の影響を受けます。そのため，自分の偏った考え方や癖に気づき，新しい考え方を取り入れることも重要になります。通常の行動リハーサルのように，場面設定があり，それについて考えるワークがあるので，認知リハーサルとも呼べるでしょう。これにより，行動面の練習だけではなく，認知面へもアプローチをします。

　以上が，リハーサルの流れですが，ここでの要点は，実際に練習をすること，また，できていたところをほめてもらい，どうすればもっとよくなるかをフィードバックしてもら

うことで，やればできるという自信をつけ，その行動が強化されることです。そうすることで日常場面でも適切なスキルを発揮することができます。

⑥ 振り返りとホームワーク

小グループでの行動リハーサルが終わると，もう一度みんなで集まりセッションのまとめをします。時間に余裕があれば，行動リハーサルの各グループの様子を職員が話し，全体で共有をします。

その後，ホームワークがある場合にはその提示をし，次回セッションまでの課題を説明します。このホームワークは，違う場面でも（般化），長期にわたって（維持），スキルが使えるようになるためのものです。そのために日常生活に根ざした課題設定が必要です。

最後に練習したターゲットスキルの振り返りをし，次回の日程・ターゲットスキルの予告をしてセッション終了です。

*

ここで取り上げた流れは，行動論的SST（コーチング法）を中心にしたものです。上記①〜⑥は基本セットではありますが，こだわらずに目的に合わせて柔軟に変えるセッションもあります。たとえば認知再構成法のように，行動ではなく認知面へのアプローチをする方法もあります。その他にも，社会知覚スキル（自他の感情や社会ルールを同定するスキル）を高めるために市販の場面カードを用いて登場人物の気持ちや社会的ルールについて話し合いをすることもあります。SSTは様々なアプローチや工夫を取り入れて発展してきています。今後も参加者の特性やニーズに合わせ，スキル向上につながりやすい方法を考え，蓄積していくことが望まれます。

2-3. 実施するにあたっての工夫

本書の実践編では，各セッションの指導案の中に重要となるポイントや注意点に加えアレンジできる工夫を示しています。SSTのアレンジを行う際には，中心的な内容や基本技法は保ちつつ，その実施の仕方にいろいろな工夫を加えることが大切になってきます。そこで，中心的な内容や基本技法となるところについては「ポイント」として示し，変更可能なところには「アレンジ」のアイデアを盛り込んでいます。ここではSSTを行うにあたって，より子どもの力になるために大切と思われる工夫をいくつか紹介します。

（1）動機づけを高める

参加者が動機づけをもって主体的，積極的にセッションに参加するかどうかはSSTの

大きな課題です。同時に，効果のあるなしを左右するのも，この動機づけの高さだと言えます。このことは，参加者の年齢が上がるにつれて，また何らかの課題を抱えている子どもを対象にする場合により重要となります。動機づけを高める工夫として，以下に6つの実践例をあげます。

工夫1：「SST 導入前に個別面接を行う」

　動機づけを高めるために，将来の目標設定から，今どんなところを変えたいと思うか，そのために SST ではどんなことに取り組んでいきたいかを話し合う場は有用でしょう。参加者自身が目標についてはっきり言語化できない場合には，たとえば効果測定で用いた心理尺度の回答をもとに話し合い，心理尺度で苦手と出ているところを目標に設定する方法もあります。やはり何らかの目標がある方が取り組みもよいものです。その目標が途中で変わることはありますが，達成されたらどうなるかというよいイメージを共有したいです。

工夫2：「効果測定の結果をフィードバックする」

　心理尺度に回答してもらった際に，参加者に自分にはどのようなことが得意でどのようなことが苦手なのかを伝える方法です。それにより，自分の特徴，苦手な面を意識してもらい，SST の動機づけに結びつけます。同時に自己覚知を促す効果があるでしょう。また，全セッション終了後の効果測定の結果を返すことができれば，自分の成長や変化についても知ることができ参加者の自信につながります。

工夫3：「職員が参加者と関係をつくる努力をする」

　これはどのような支援にもいえることですが，もちろん SST もこの点には注意を向けるべきです。加えて，自分が受け入れてもらえると感じられる参加者にとって居心地のよい雰囲気作りを心がけることも大切でしょう。これらのやり方は職員自身の特性によって変わってくるかもしれません。職員には様々なタイプの人がいます。冗談をまじえながら楽しくセッションを進める人，人情味にあふれ参加者と豊かな情緒交流をする人，SST は役に立つと説得力をもって子どもを勇気づける人，大切な要点をおさえながらテキパキ進める人，感受性豊かで参加者に心が開かれている人など，それぞれに特徴があり，自分に合ったスタイルでセッションに臨むことが肝要ではないでしょうか。

工夫4：「具体的にたくさんの点をほめる」

　スキルの向上を参加者自身が実感するために，適切な行動の直後に，目を合わせて具体的にほめることがその中心となるでしょう。たとえ高校生年齢であっても，オーバーにほ

めるくらいでもよいと思います。また各スキルの最後のセッションや外出編のときにごほうびを用意することもあります。年齢や特徴によっては，トークンエコノミー（たとえば，毎セッション後，ホームワーク後などにシールを与え，ある一定数集まると何らかのごほうびがある）を用いることも有用でしょう。

工夫5：「楽しめる要素を取り入れる」

特に子どもの場合，いくら自分に大切なこととはいえ，楽しみがないと続かない可能性があります。楽しみながらセッションを受けられたら，より主体的・積極的になってくれます。そのため，「アンゲーム」や「フレンドシップアドベンチャー」のように販売されているコミュニケーションボードゲームを取り入れることもあります。セッション前半にアクティビティを用意しているのはこのためでもあります。

工夫6：「適切なタイミングで実施する」

具体的には，参加者の年間スケジュールに合わせてターゲットスキルを設定することが有効です。たとえば，翌月から介護実習がはじまるという時期に，働く場で必要となる「あいさつスキル」や，わからないことが出てきた場合に指導してくれる方に「質問するスキル」，介護の場でお年寄りの話し相手になるために必要な「話を聞くスキル」などにターゲットをしぼり，実習がはじまったときにそれらのスキルを使えるようにSSTの中で練習しておくと，SSTで学んだことがすぐに実践で生きてきます。本プログラムで最後に面接スキルを取り上げているのも，2月や3月に就職試験や入学試験があるからです。

〈動機づけを高めるポイント〉
- 事前面接を行う
- 効果測定のフィードバックをする
- 参加者との関係をつくる
- 具体的にたくさんの点をほめる
- 楽しめる要素を取りいれる
- 適切なタイミングで実施する

（2）般化と維持を促進する

SSTプログラムで練習したスキルは実際に日常生活で使えないと意味がないため，

様々な取り組みはこの般化・維持に向かっている必要があります。般化・維持には，セッションとは①異なる刺激（人や場面）でも実行できる，②異なるスキルが実行できる，③異なる時間でも実行できるという3つの側面があります。これらをカバーできるような工夫が大切になります。

工夫1：「初めて会う人を相手に練習をする」

　本プログラムでは，外出編（フィールドワーク）を各スキルの最後のセッションに用意しています。この外出編では地域のお店の人，駅員さん，図書館の人といった日頃接することが少ない人を相手に練習をします。参加者の様子を見ていると，やはりいつもとは緊張感が違うようです。可能であれば，この外出編をもっと増やしていきたいところです。行動リハーサル（ロールプレイ）で実習生や学生ボランティアに相手役をしてもらうこともここに含まれます。より日常生活の自然な場面において，知らない人に対してもソーシャルスキルをうまく実行できたという成功経験を積むことで，今後もいろんな場面でスキルが実行できそうだという自信につながっていきます。

工夫2：「場面設定の工夫をする」

　具体的には，モデリングや行動リハーサル（ロールプレイ）で多様な場面を設定することと，参加者になじみのある実際に困っている場面を設定するという2点があります。そのための手続きとしては，各スキルの最初のセッションで，どんな困った場面を経験したかのアンケートを行います。たとえば，断るスキルであれば，「このアンケートは，あなたが日常生活で人からの頼まれごとを断るときに，どのような場面で困ったと感じたかを答えてもらうものです。質問をよく読んで，自分の思うように答えてください。正解やまちがいはないので，正直に答えてください」と前置きをしたうえで，「友達との間で起こった困ったこと」，「職員，先生，親など年上の人との間で起こった困ったこと」の2つを書いてもらうことが一例としてあげられます。参加者に効果を実感してもらうために，このようなアンケートの回答を参考に場面設定をします。

工夫3：「日常生活場面でも練習してみる」

　SSTセッション内で学習したことを，困ったことがあったとき，トラブルが起きたときなど何らかのタイミングで，復習しましょう。実際に直面した場面をもとにあらためてロールプレイできれば，学んだスキルを活用してもらうことを促せます。これができるか否かは実践の場の環境に大きく左右されるかもしれません。各セッションの内容を同じ職場の人と共有しておくなどの環境づくりも大切だと思います。

工夫4:「ホームワークを活用する」

　たとえばあいさつスキルであれば,ホームワークとして「3人に自分からあいさつをする」などが考えられます。全員に同じ課題でもよいですし,個別に設定しても構いません。また,連絡帳やプリントで家庭にも内容を伝え,家庭でも生かしてもらう工夫もあります。可能であれば親参加型のセッションを組み入れる方法もあります。ホームワークは学習したことを忘れない,維持するための復習という意味合いもあります。このようにホームワークという形で日常場面でのスキルの実行を促し,そこでうまくできたという成功経験を積ませることで,日常への結びつきを作ります。

工夫5:「クラスメイトに協力してもらう」

　実践する現場の事情にもよりますが,クラスメイトと一緒に練習をすることで,より自然な日常場面に近い形になります。あわせて,SSTを通じて関係性をつくっていくことも可能になります。様々な研究で仲間が媒介することによる有効性が指摘されています。簡単にはできないですが,検討する価値はあるでしょう。

〈般化と維持を促進するポイント〉

- 初めて会う人を相手に練習をする
- 場面設定を工夫する
- 日常生活場面でもスキル練習をする
- ホームワークを活用する
- クラスメイトに協力してもらう

---

(3) 個人差への配慮

　これは集団に対してSSTを実施する場合に考える必要があります。もともとのソーシャルスキルの程度は参加者によってそれぞれですし,SSTの効果のあらわれ方にも個人差があります。この部分にどう配慮し,工夫をしていくかは重要な課題です。

工夫1:「個別のSSTを並行して実施する」

　内容としては,集団ですでにスキル練習をしたものをフォローアップするために個別の時間をとる方法もありますし,集団では取り上げないもっと個別的な課題のスキルを取り上げる方法もあるでしょう。また,不登校・ひきこもり等の問題を抱える子どもの中には,

集団場面が苦手で SST の参加に抵抗感がある子どもがいます。その場合は，部屋の後ろに座って見学するだけ，またはあいさつとアクティビティに参加するだけでもかまいません。そこから徐々に参加時間を増やしていきたいところです。それでも集団参加がむずかしいようであれば，個別の SST を検討する必要があるかもしれません。

工夫2：「行動リハーサルのグループをいくつかつくる」

参加人数が比較的多く，複数のグループを設定できる場合に限りますが，グループ分けの際に同じスキル水準の参加者を集めることができます。グループを分けることで，場面設定や難易度の区別ができます。たとえば面接スキルであれば，一方のグループはより基本的な姿勢や態度を中心に練習し，もう一方のグループはより高度な応答内容を吟味する内容を盛り込みます。グループの分け方は，こちらが指定することもありますし，参加者自身に選んでもらうこともあります。

工夫3：「ターゲットスキルの選択」

アセスメントにも関わりますが，何を獲得するべきスキルとするかは個人によって多少異なります。なるべくなら個別に設定したいところですが，集団だとそういう訳にもいかないので，誰もが必要なスキル（あいさつ，気持ちを伝える，面接など）や，多くの参加者に共通する不得手なスキル（上手に断る，抑うつや怒りとつきあうなど）をターゲットスキルにする方法がよい場合もあります。

工夫4：「失敗させない工夫をする」

個人差に配慮せずに参加者が失敗体験をしてしまうと，不適応感を抱きセッションを欠席することにつながる可能性があります。そのため，ターゲットスキルとして決まっている行動項目のすべてをさせるのではなく，むずかしければそのうちのいくつかだけに絞り込んで練習するということも1つのやり方になります。また，ロールプレイでは特にSST に慣れないうちは戸惑う人が多いので，何も言えずに下を向いて固まってしまうということも起きかねません。そのために「ヒントカード」や「お手本カード」のようなものを作り，それを見ながらすれば失敗がないという手助けアイテムを用意しておくとよいでしょう。

工夫5：「個人の特性を上手に使う」

グループセラピーの醍醐味である，参加者同士の相互作用を活用することにつながります。たとえば行動リハーサルの際に，スキルが高い参加者はそうではない参加者のモデルとなり教える経験ができます。逆の立場からすれば，ピアトレーニングとして友達から教

わる体験になり，どちらも有意義なものです。2つめの工夫のように同じスキル水準の子どもを集める方法と，いろいろなスキル水準の子どもを一緒にする方法とを，上手に織り交ぜると有益です。個人差を少なくする工夫はもちろん欠かせませんが，なくなるものではありません。それを上手に使う工夫をあわせて検討したいものです。

〈個人差への配慮のポイント〉

◆ 個別のSSTを実施する
◆ 行動リハーサルのグループ分けをする
◆ 参加者に有益なターゲットスキルを選択する
◆ 失敗させない工夫をする
◆ 個人の特性を上手に使う

以上，動機づけ，般化と維持，個人差について検討しました。本書はマニュアル的なものですが，参加者の特徴や現場の実情に合わせて柔軟に実施してもらえたらと思います。

Ⅱ. 実践編

★☆ 実践編の内容 ☆★

初級レベル（小学生〜）
- 関係開始スキル：セッション1〜5

中級レベル（小学生・中学生〜）
- 伝えるスキル：セッション6〜10
- 断るスキル：セッション11〜13

上級レベル（中学生・高校生〜）
- 怒りや抑うつとつきあうスキル：セッション14〜18
- 面接スキル：セッション19〜21

○アクティビティ集：1〜23

☆初級レベル（小学生〜）：関係開始スキル①

セッション 1
あいさつをする

（おはようございます）

◆ **目的とねらい**：人間関係をはじめるうえで最初に行う，「あいさつ」の練習をします。対人スキルの中でもっとも基本的なスキルです。あいさつは普段からできていると感じる参加者もいるかもしれませんが，声の大きさや視線の向きなどコミュニケーションの基本的なポイントが含まれています。SST はスモールステップで段階的に進めていくことが大切です。参加者にとってあまり難易度の高くない，取り組みやすいスキルを行うことで，自分のソーシャルスキルについて自信をつけてもらいましょう。

◆ **行動項目**
① 相手から見えるところに行く
② 相手の方を見る
③ 相手に聞こえる大きさの声で言う
④ 相手や場面にあった言い方で言う
⑤ 笑顔で言う

◆ **解　説**：継続的に SST を実施する場合，この「あいさつスキル」を最初に行うことが多いです。あいさつとひとことで言っても，相手（友達，家族，先生，見知らぬ人など），相手との関係（新密度，上下関係，初対面，久しぶりに会うかなど），場所などによってあいさつの言葉や態度は異なります。参加者が日常生活で多く遭遇しそうな具体的な相手や場面で練習するとよいでしょう。

セッション1　あいさつをする

内　容	活動内容
導　入	○ 全員がそろってから全体で開始のあいさつとメンバー紹介をする
あいさつ	○ 全体で開始のあいさつ
アクティビティ	○ アイスブレイクのためのミニゲーム
心がけ	○ 心がけ，約束事を確認
教　示 今日の導入	○ 今日のテーマ「あいさつスキル」の導入 ● 今日は初めて会った人に最初にする「あいさつ」をみんなと練習しようと思います。 ● 今日は，みんなはどんな場面であいさつをしましたか。 　⇒参加者に聞く。 ● あいさつはどうして大切なのでしょう。 　⇒参加者に聞く。
モデリング	○ 職員がモデルを示す ● では，今から前でAさんとBさんにあいさつをする場面を見てもらおうと思います。場面は，「朝，廊下で知り合いにすれ違った」場面です。 ★ 朝，廊下で知り合いにすれ違ったときのあいさつ場面（その1） 　B：（資料を見ながら考えごとをしている） 　A：Bさんの前をすばやく通り過ぎながら下を向いて「おはようございます……」とぼそぼそと言う。 　B：（気づかない） ● 今のAさんのあいさつはどうでしたか。では，続いてもう一度Aさんにあいさつをしてもらおうと思います。 ★ 朝，廊下で知り合いにすれ違ったときのあいさつ場面（その2） 　B：（資料を見ながら考えごとをしている） 　A：Bさんに近づき，その前で止まって顔を覗き込みながら，「Bさん，おはようございます！」と元気に言う。 　B：「あ，Aさん，おはよう」

Point!①

〈Point!①〉
はじめてSSTのセッションを行う場合は，最初にSSTの説明を参加者に対して行ってください。SSTの目的をきちんと伝えることで，参加者の動機づけを図ります。

Point!②

〈Point!②〉
ここでは，SSTのセッションに参加するうえでの心がけや約束事を確認します。たとえば，積極的に練習すること，他の人のやり方もよくみること，友達の練習に対してもフィードバックをすること，などが挙げられます。実施機関や参加者に応じてアレンジしてください。

注意

《注意》
意見はすべて板書します。どんな意見であっても，すべて取り上げることで，参加者が意見を出すことをよりスムーズにします。

アレンジ①

〈アレンジ①〉
モデリングは参加者が日常生活で遭遇しそうな場面で行います。あいさつをするAさんに注目させましょう。

Point!③

〈Point!③〉
2回目のモデリングでは，1回目と同じ場面設定で行います。2回目は行動項目をきちんとおさえ，上手にあいさつができていることを理解してもらいます。2つのモデリングの場面を見せて，なるべく参加者から相違点を引き出します。

初級レベル

Ⅱ. 実　践　編

	● 1回目と2回目は，それぞれどのようにあいさつしていましたか？　どんなところが違っていましたか？ 　　⇒参加者に聞く。 （必要に応じてヒントをだす） 　・どのあたりまで近づいて言っていたかな。 　・あいさつする人はどこを見て言っていたかな。 　・声の大きさは1回目と2回目でどう違っていたかな。 　・どんな顔で言えば，相手の人もうれしいかな。 ● では，次は相手によってあいさつの言い方がどのように変わるか考えてみましょう。 ○ Aさん→BさんへのあいさつとBさん→Aさんへのあいさつを見せて比べさせる 　　**アレンジ②** 　　Aさん→Bさん：「Bさん，おはようございます」 　　Bさん→Aさん：「Aさん，おはよう」 　　⇒「おはよう」と「おはようございます」と前に書き，言い方がどのように違うかを尋ねる。 ● AさんとBさんのあいさつの仕方は同じでしたか。 　ここでクイズです。AさんとBさんはどちらが年上でしょう。 ● 相手との関係や場面によっても言い方は変わりますね。 ● では，みなさんにあげてもらったあいさつのポイントをまとめてみましょう。 〈ポイント〉 　① 相手から見えるところに行く 　② 相手の方を見る 　③ 相手に聞こえる大きさの声で言う 　④ 相手や場面にあった言い方で言う 　⑤ 笑顔で言う
行動リハーサル&強化・フィードバック	○ 3〜5名ずつのグループに分かれて，あいさつの練習をする ● それでは，今からグループに分かれて「あいさつ」の練習をしようと思います。

〈アレンジ②〉
相手にあったあいさつの言葉があることを参加者に理解してもらいます。ここでは，相手の年齢によって敬語を使うかどうかが変わることを伝えています。他にも，時間や場所によってあいさつの言葉は異なるので，参加者が日常的に接する相手に対して必要なあいさつについて具体的に説明しましょう。

	○「朝，廊下で友達に会った場面」の練習をする。	〈アレンジ③〉
	〈1回目〉 アレンジ③	行動リハーサルでは，参加者が日常生活で困難を感じている場面を練習することが望ましいです。事前のアセスメントで具体的に苦手な場面が出ていたら，それを練習課題にしましょう。
	・職員が相手役をする。	
	・はじめにポイントを確認しながらモデルを見せる。	
	・1人2回ずつ練習をする。はじめに「2回ずつやってもらいます」と説明する。1回目の後，職員ができていた点を1つか2つほめ，できていなかった点を1つフィードバックする。フィードバックの後，すぐに2回目をする。	
	〈2回目〉 Point！④	〈Point！④〉
	・子ども同士で練習をする。	職員は必ずほめる言葉がけをしましょう。ポイントができていなくても，練習に取り組んだこと自体をほめることもできます。これにより，参加者の練習意欲を高め，自信をつけてもらいます。また，続けて2回練習することで，1回目にフィードバックされた改善点を忘れることなく練習することができます。
	・はじめにポイントを確認しながらモデルを見せる。	
	・1人2回ずつ練習をする。はじめに「2回ずつやってもらいます」と説明する。1回目の後，職員ができていた点を1つか2つほめ，できていなかった点を1つフィードバックする。フィードバックの後，すぐに2回目をする。	
	○ 全員練習が終わったら，「昼，職員のいる部屋に入るときのあいさつ」を練習する ⇒最初は職員を相手にロールプレイを行い，慣れてきたら参加者同士でロールプレイをさせる Point！⑤	〈Point！⑤〉 職員を相手にして練習した後に，参加者同士で練習をします。あいさつをされる側を経験することで，相手がどのような気持ちになるのかがわかります。
振り返り＆ホームワークの説明	○ 全体でセッションの振り返りをする	
	● 今日は，初めてのSSTということで「あいさつ」をテーマに練習しました。みなさん元気にあいさつができるようになってきたと思います。あいさつは，毎日することですので，普段から今日練習したポイントを意識してあいさつしましょう。	
	○ ホームワーク「あいさつスタンプラリー」の説明をする （⇒プリント「あいさつスタンプラリー（1－①）」を配布）	
	● △日〜○日はあいさつ週間とします。参加者が自分から職員にあいさつをすると，シールをもらえます。上手にあいさつできたときは大きなシール（2ポイント）が，もう少し頑張るところがあるけれどもあいさつができたときは小さなシール（1ポイント）がもらえます。1週間の間に，5枚は貯めるようにしてください。	
	・全職員が2種類のシールを持っておく。	
	・ポイント獲得上位者は次回のSSTで発表，表彰する。	

初級レベル

Ⅱ. 実践編

1-①

名前：＿＿＿＿＿＿＿＿＿＿＿＿＿＿

★☆ あいさつスタンプラリー ☆★

- 1週間，5つのポイントに注意しながら，職員にあいさつをしましょう！
- きちんとあいさつができたら，シールを貼ってもらってください。
  ※最低5枚は集めてね。

☆「あいさつをしよう」のポイント

① 相手から見えるところに行く

② 相手の方を見る

③ 相手に聞こえる大きさの声で言う

④ 相手や場面にあった言い方で言う

⑤ 笑顔で言う

☆初級レベル（小学生〜）：関係開始スキル②

セッション 2

人の話を聞く

今日のセッションは…

◆ **目的とねらい**：関係開始スキルの中でも今回は人の話を聞く行動の練習をします。話の聞き方は話し手に影響を与えます。聞き方1つで相手が話してくれる内容が増えたり，お互いのことをよく理解できるようになったりします。そのため，話し手が気持ちよく話せるような上手な聞き方を身につけることを目指します。

◆ **行動項目**

> ① 背筋をのばしてからだを前に向ける
> ② 相手の顔を見る
> ③ 他のことをしない
> ④ うなずく
> ⑤ 相手の話を最後まで聞く

◆ **解　説**：会話について

　　会話とは言葉によるコミュニケーションです。しかし，声の大きさやトーン，表情や身振りといった言葉以外の要素も会話の中で大きな働きをしています。そして，話し手と聞き手があり，話す態度，聞く態度がお互いに影響を受けます。会話が気持ちよく円滑になされるためには話し手，聞き手双方の協力が必要となります。今回は聞き手側に焦点を当て，上手に話を聞く練習をします。

Ⅱ. 実践編

内　容	活動内容
導　入	○ 全員がそろってから全体で開始のあいさつとメンバー紹介をする
あいさつ	○ 全体で開始のあいさつ
アクティビティ	○ アイスブレイクのためのミニゲーム
心がけ	○ 心がけ，約束事を確認
教　示 今日の導入	○ 今日のテーマ「人の話を聞くスキル」の導入 ● 今日は「人の話を聞く」という新しいスキルを練習したいと思います。みなさんは毎日，人の話を聞く機会がありますね。まず，そんなときに自分はどういう風に話を聞いているかふりかえってみてください。では，話をするときには，どんな風に聞かれると，話していて気持ちが良いと感じますか。 ● 話の聞き方一つで，相手が話してくれる内容がぐっと増えたり，お互いのことをよく理解できるようになります。今日は，上手な話の聞き方をみんなで練習していきたいと思います。
モデリング	○ 職員がモデルを示して見せる ● 今から，ある場面をAさん，Bさん，Cさん，Dさんの4人でやってみようと思います。Aさんは職員で，Bさんは新しくクラスに入ってきた人，CさんとDさんは前からいる人です。Bさんは新しくやってきたので，2人の前で自己紹介をします。みなさんはCさんとDさんの話の聞き方に注目して，見てみてください。 ★ クラスに新しく入ってきた人が自己紹介をする場面　　【アレンジ】 　　A：「今日からこのクラスに新しく入ってきたBさんです。では，今からBさんに簡単に自己紹介をしてもらいます」 　　C：（本を読んでいる） 　　D：（勉強をしていたが，Aさんの声かけで前を向く） 　　B：「えっと……私の名前はBと言います。好きなスポーツはバスケットボールです。ここに来たばかりでわからないことだらけなので，いろいろと教えてください。よろしくお願いします」 　　C：（ずっと本を読んだまま） 　　D：Bさんの方を向き，うなずきながら話を聞く（ポイントを守った聞き方）。Bさんの話が終わったら手をあげて「他に好きなスポーツはありますか」と尋ねる。 　　B：「自分ではしないけど，サッカーは見るのは好きです」

〈アレンジ〉
モデリング場面は参加者の生活の中で起こりやすい場面，実際に参加者が経験した場面があればその方が学習効果は高いでしょう。

セッション2　人の話を聞く

● はい，ありがとうございました。ではみなさん，CさんとDさんの聞き方はどうでしたか。どちらの方が上手に聞けていましたか。Bさんは話していて，どうでしたか。
　　⇒B：「Dさんはよく話を聞いてくれているように感じました」

● CさんとDさんはどういうところが違っていましたか。
　　⇒何人かに答えてもらう。
　　　５つのポイントが出そうように促す。十分でなければ以下の質問をしてヒントを出す。

　（ヒント）・からだの向きはどうでしたか。
　　　　　　・話を聞いているときにどこを見ていましたか。
　　　　　　・話しはじめたときにやっていたことをどうしましたか。
　　　　　　・Dさんは聞いているときにどうしていましたか。

● みんなに言ってもらったことを，もう一度まとめてみると，「上手な話の聞き方」のポイントはこの５つになります。

　〈ポイント〉
　┌─────────────────────────┐
　│ ① 背筋をのばしてからだを前に向ける │
　│ ② 相手の顔を見る │
　│ ③ 他のことをしない │
　│ ④ うなずく │
　│ ⑤ 相手の話を最後まで聞く │
　└─────────────────────────┘

Point！ ①

● いつもしないといけない訳ではありませんが，Dさんのように質問をすることで，より相手にきちんと聞いているという印象を与えることにつながります。

● では，今からもう一度さっきと同じ場面を４人にやってもらいます。今度はCさんがこの５つのポイントに気をつけながら上手に聞けるようになったかを見ておいてくださいね。

★ クラスに新しく入ってきた人が自己紹介をする場面
　　※　同じ場面をCさんもポイントを守って行う

初級レベル

〈Point！ ①〉
質問をするスキルはセッション４でターゲットスキルとして取り上げるので，ここでは可能であればで構いません。

Ⅱ. 実 践 編

行動リハーサル&強化・フィードバック	○ 実際に聞く練習をする ● それでは，今から「人の話を聞く」練習をしてみましょう。今からみなさんにはグループに分かれてもらいます。 ● ○○さん，□□さんに２か所に立ってもらい，それぞれに自己紹介をしてもらいます。みなさんはグループごとに順にそれぞれの人のところを回り，自己紹介を上手に聞いてください。自己紹介のあと質問があれば最後にしてもらって結構です。	Point！②
振り返り&ホームワークの説明	○ 全体でセッションの振り返りをする ● 今日は，「人の話を聞く」というテーマで練習をしましたが，みなさんうまくできたでしょうか。 　　⇒自己紹介をした職員が全体に感想を伝える。 ○ 日常場面でのスキルの使用を促す ● 上手に話を聞けると話し手も気持ちよく話ができます。今日練習したことを日常生活でも心がけてください。 ○ ホームワークの説明 　（⇒プリント「ホームルームで上手に話を聞けるかな（2－①）」を配布） ● 明日からの１週間を「人の話を聞くスキル」強化週間とします。月・水・金のホームルーム時に，みなさんが上手に話を聞けているかを職員がチェックし，できていればチェックシートにシールを貼ります。	Point！③

〈Point！②〉
人手があれば自己紹介する職員とは別にオブザーバーを置き，参加者のフィードバックをします。いなければ自己紹介をした職員がフィードバックをします。

〈Point！③〉
ホームルームを行う部屋の見えるところに，５つのポイントを掲示しておくとよいでしょう。

セッション2　人の話を聞く

2-①

名前：＿＿＿＿＿＿＿＿＿＿＿＿＿＿＿＿

★☆　ホームルームで上手に話を聞けるかな　☆★

初級レベル

- 5つのポイントに注意しながら、ホームルームで話を聞きましょう。
- きちんと話が聞けていたら、シールを貼ってもらってください。
- 3枚集めてください。

月　　日（月）	
月　　日（水）	
月　　日（金）	

☆「人の話を聞く」のポイント

① 背筋をのばしてからだを前に向ける
② 相手の顔を見る
③ 他のことをしない
④ うなずく
⑤ 相手の話を最後まで聞く

☆初級レベル（小学生～）：関係開始スキル③

セッション
3

自己紹介をする

はじめまして，ぼくの名前は…

◆ **目的とねらい**：自己紹介は人間関係を始めるときにあいさつとともに大切な行動です。初めての場面（初めての学校やアルバイト先等）で緊張と不安の高い中，適切な方法で自己紹介をする方法を身につけることを目指します。

　自己紹介の方法は大勢の前での口頭によるもの，1対1で名刺を差し出して行うもの，電話で自分の所属・地位・名前を述べるものなど様々ですが，今回は大勢の前での口頭によるものの練習をします。

◆ **行動項目**
> ① 顔を上げて前を見る
> ② 笑顔で言う
> ③ 相手に聞こえる大きさの声で言う
> ④ はじめのあいさつをする
> ⑤ 自分について話す
> ⑥ 最後に「よろしくお願いします」と言う

◆ **解　説**：自己紹介とは，初めて会う人などに，自分が何者であるかを説明することです。自分を知ってもらうことに加えて「よろしくお願いします」というあいさつの意味も併せ持ちます。

　自己紹介は基本的に自分のことを知らない人間に自分を知ってもらうための行為であり，まず自分が自分のこと（趣味・特技など）を知る必要があります。また，自己紹介は話す内容と態度（声の大きさ・顔の向きなど）の両方が大切です。

セッション3　自己紹介をする

内　容	活動内容
導　入	○ 全員がそろってから全体で開始のあいさつとメンバー紹介をする
あいさつ	○ 全員で開始のあいさつ
アクティビティ	○ アイスブレイクのためのミニゲーム
心がけ	○ 心がけ，約束事を確認
教　示 今日の導入	○ 今日のテーマ「自己紹介をする」の導入 ● 初めて会った人に話しかけにくいと思う人は多いと思いますが，みなさんだけではなくほとんどの人にとってそれはむずかしいことですよね。 ● どうしてむずかしいのでしょう。1つは，相手のことを何も知らないし，相手も自分のことを何も知らないからですね。お互いを知るために，初めて会った人とまず最初にすることは何でしょうか。 　⇒参加者に聞く。 ● これから新しい学校や習いごとに行くときに，自己紹介をする場面があるかもしれませんね。そのときに上手にできるように，今日は自己紹介のいくつかのポイントを練習しましょう。
モデリング	○ 職員がいくつかのモデルを示して見せる ● 初めて会う人たちの前で，自己紹介をするのは誰でも緊張するし，何を言えばいいのかわかりませんね。今からここに初めて新しいメンバーがやってきたとして，その人がみなさんの前で自己紹介をする場面をやってみるので，見てください。特に，声の大きさや顔の向きなど話し方に注目して見てみましょう。 ★ 初めて会う人たちに自己紹介をする場面 　　A：「えっ～，Aです」 　　　※ 目線を合わせず，ぶっきらぼうな言い方で言う ● Aさん，今自己紹介をやってみてどうでしたか？ 　⇒A：「いきなりやるように言われても，どうすればよいかわかりませんでした」

初級レベル

● いきなり自己紹介してくださいと言われても，誰でもやっぱり緊張してしまうし，何を言えばいいのかもわかりませんね。

● では，今からＡさんにもう一度自己紹介をやってもらいましょう。みなさんはどんなところがさっきと変わったか，特に顔の表情や顔の向き，声の大きさに注目して見てみましょう。

★ 初めて会う人たちに自己紹介をする場面（適切なバージョン）

> Ａ：「みなさん，はじめまして。私の名前はＡです。趣味は，○○○です（趣味の話を広げる）。よろしくお願いします」
>
> ※ 前を向いて，元気な声と笑顔ではきはきと言う

Point！①

〈Point！①〉
ある程度の内容が話せても，態度が望ましくない場合があります。不安や緊張が関係しているときもありますが，参加者には態度も大切であることを意識してもらってください。

● 今の自己紹介を見て，Ａさんの話し方はどのように変わりましたか。
　　⇒表情，声の大きさ，顔の向き，話した内容など，ポイント①〜③にあたる部分について，具体的に参加者に聞く。

● Ａさんは何と言っていましたか。
　　⇒何と言っていたか（ポイント④〜⑥にあたる部分）を参加者に聞く。
　　覚えていなければ，Ａさんにもう一度モデルをやってもらう。

○ 参加者の発表から自己紹介のポイントをまとめる
　〈ポイント〉
　① 顔を上げて前を見る
　② 笑顔で言う
　③ 相手に聞こえる大きさの声で言う
　④ はじめのあいさつをする
　⑤ 自分について話す
　⑥ 最後に「よろしくお願いします」と言う

● 今日の「自己紹介スキル」のポイントはこの６つです。
　⑤については自分のことについて，最初に名前を伝えて，その後にたとえば，特技，趣味，好きなもの（食べ物，ゲーム，本）などについて話します。Ａさんは趣味について話をしていましたね。

行動リハーサル&強化・フィードバック	○ グループでの行動リハーサル　**アレンジ①** ● 今からグループに分かれて自己紹介の練習をしようと思います。 　1．自己紹介で何を話せばよいか考える。意見が出なければ，「あいさつをする」「名前を言う」「好きな○○について話す」「よろしくお願いしますと伝える」といった内容を提案する。 　2．自己紹介の内容を考えた参加者から少し離れたところに呼び出し，職員と1対1の場面で自己紹介する（職員は強化・フィードバックをする）。 　3．グループ全体の前で1人ずつ自己紹介する。　**アレンジ②** 　4．質問をしたい人は手を挙げて質問する。 　5．グループでやってみた感想を話し合う。　**Point！②** 　6．職員より強化・フィードバックをする振り返り。	〈アレンジ①〉 みんなの前で話すことに慣れる，ポイント①〜③を重点的に練習するグループと，自分について話すことに慣れる，ポイントの④〜⑥を重点的練習するグループに分けてリハーサルをする方法もあります。 〈アレンジ②〉 何を話してよいか戸惑い固まってしまうことを防ぐために，例を書いたプリントや「ヒントカード」を用意するとより丁寧です。 〈Point！②〉 自分では意識しにくい態度面についても積極的にコメントしてください。
振り返り&ホームワークの説明	○ 各グループでのリハーサルでよかった点を全体に対してフィードバックをする 　⇒各グループの職員が様子やよかった点を伝える。 ○ ホームワーク「自己紹介カードの作成」について説明 　（⇒プリント「自己紹介カード（3－①）」の配布） ● 今回のホームワークは，今配った自己紹介カードに自分のことを書いてもらいます。書けたら職員に渡してください。私たちも同じように自己紹介カードを書きます。 ● 書いてもらった自己紹介カードは△△の場所に掲示しておきます。お互いのことを知るきっかけになるので，書いている内容について，みんなそれぞれに「○○が好きなんだね」などと言って話しかけてみてください。　**Point！③**	〈Point！③〉 職員も同じように，自己紹介の内容について参加者に話しかけてみましょう。

セッション3　自己紹介をする

初級レベル

Ⅱ. 実 践 編

3－①

自己紹介カード

名　前

誕生日

いま，ほしいもの

好きな活動

ひとこと

将来の夢

好きな有名人

☆初級レベル（小学生〜）：関係開始スキル④

セッション 4

質問をする

（質問してもいいですか？）

◆ **目的とねらい**：「質問をする」ということは，自分が知りたいことを相手に聞くということですが，関係を開始する段階においては，「相手の話や自己紹介をきちんと聞いているよ」「あなたに興味をもっているよ」と伝えることにもなります。せっかくの質問も聞き方によっては相手を困らせたり，不愉快な思いをさせてしまったりすることもあります。今回は印象のよい質問の仕方を身につけて，気持ちよく関係をスタートさせるための練習をします。

◆ **行動項目**

① 相手の顔を見る
② 相手に聞こえる大きさの声で言う
③ 相手の話を最後まで聞く
④ 質問をしてよいか尋ねる
⑤ わかりやすく言う
⑥ お礼を言う

◆ **解　説**：一口に質問をするといっても，場面や状況に応じて様々な質問の仕方があります。たとえば，相手が答えやすいように「はい」や「いいえ」で答えられる「閉ざされた質問」をすることもあれば，相手が自由に答えられ，情報量も多い「開かれた質問」をすることもあります。何を質問してよいかわからずに戸惑う参加者には「5W1H」を意識するよう伝えることができます。また，相手から聞かれた質問をそのまま同じように尋ねる方法もあります。自分のことばかり話してしまいやすい参加者もいるかもしれませんが，相手に質問をすることは，会話のキャッチボールのために不可欠であることを意識してもらいましょう。

Ⅱ. 実践編

内　容	活動内容
導　入	○ 全員がそろってから全体で開始のあいさつとメンバー紹介をする
あいさつ	○ 全員で開始のあいさつ
アクティビティ	○ アイスブレイクのためのミニゲーム
心がけ	○ 心がけ，約束事を確認
教　示 前回の 振り返りと 今日の導入	○ 前回の振り返り ● 前回は，「自己紹介」をテーマにして，ポイントの練習をしました。「自己紹介」は，新しい人と仲良くなるきっかけとして，自分のことを相手に知ってもらうことが目的でしたね。ホームワークでも「自己紹介カード」を書いてもらいました。みなさんそれぞれに工夫をして自己紹介をしてくれました。△△の場所に掲示しておいたので，他の参加者や職員の分もチェックしておいてください。 ○ 今日のテーマ「質問をする」の導入 ● 新しい人と仲よくなるためには，自分のことを相手に知ってもらうことも大事ですが，相手のことを知ることもとても大切なことです。今日は，「上手に質問をしよう」をテーマにして，自分のことを伝えるのではなくて，相手のことをどのようにして知るのかということの練習をしたいと思います。 ● 「人の話を聞く」でも説明しましたが，質問をすることで，相手に話を聞いているということを伝えることができます。質問するということには，①自分が知りたいことを知ることと，②自分が相手の話を聞いていることを伝えるという2つの役割があります。今日はこの2つを頭に置きながら，質問の練習をしていきましょう。
モデリング	○ 職員がいくつかのモデルを示して見せる ● では今から，Aさん・Bさん・Cさんにある場面をやってもらいたいと思います。場面は，Aさんがはじめてクラスに来たので，前からクラスにいるBさん・Cさんに自己紹介をするという場面です。Bさん・Cさんの話の聞き方，特に「どんなタイミングで」，「どのような質問をしているか」に注目して見ていてください。 ★ 新しいメンバーがクラスにはじめて来た日に，みんなに自己紹介をする場面 　　Bさん：恥ずかしくて質問をすることがむずかしいタイプ 　　Cさん：場面に即した質問をすることがむずかしいタイプ

> 職員：「今日はこのクラスに新しいメンバーが来てくれました。今から、Aさんに自己紹介をしてもらおうと思います。では、お願いします」
> A：「みなさん、はじめまして。私の名前はAといいます。私は食べることが好きで、特に……」
> B：（うつむきながら聞いている）
> C：（Bさんの話の途中で大きな声で）「はいはい！　好きな女の子のタイプはありますか？」
> A：「えっ……特にはないけど……」と黙り込む。
> 職員：「せっかくなので、最後まで自己紹介しましょうか」
> A：「……はい。私はスポーツが好きで特にサッカーが得意です。よろしくお願いします」
> 職員：「誰か質問ある人いませんか？　Bさんどうですか？」
> B：おどおどした様子で下を向きながら「……好きなゲームは……何……ですか……」と小さい声で言う。
> A：「えっ、すみません、聞こえなかったのですが」
> B：「……いや、なんでもないです……」

Point !①

〈Point !①〉
Bさんはポイントの①、②、④、⑥ができていません。また、Cさんはポイントの③④⑥ができていません。

● ではCさんの質問の仕方はどうでしたか。また、もっと上手に質問するためには、どうすればよいでしょうか。
　　⇒質問のタイミング（質問をしてよいか尋ねているか）
　　　質問内容（文脈とある程度関係があったか）
　　　質問に答えてもらった後の対応（お礼を言っていたか）

● では次はBさんの方はどうでしたか。もっと上手に質問するためには、どうすればよいでしょうか。
　　⇒顔の向き
　　　声の大きさ
　　　質問に答えてもらった後の対応（お礼を言っていたか）

○ 参加者の発表から「上手に質問をする」のポイントをまとめる
　〈ポイント〉

> ① 相手の顔を見る
> ② 相手に聞こえる大きさの声で言う
> ③ 相手の話を最後まで聞く
> ④ 質問をしてよいか尋ねる
> ⑤ わかりやすく言う
> ⑥ お礼を言う

セッション4　質問をする

初級レベル

Ⅱ．実 践 編

	● では，このポイントに気をつけて，BさんとCさんにもう一度同じ場面で質問してもらいましょう。 ┌──────────────────────────────────────┐ │ 職員：「今日はこのクラスに新しいメンバーが来てくれました。 │ 　　　 今から，Aさんに自己紹介をしてもらおうと思います。 │ 　　　 では，お願いします」 │ A：「みなさん，はじめまして。私の名前はAといいます。わた │ 　　 しは食べることが好きです」 │ B：（最後まで話を聞いてから手を挙げて）「はい，質問いいで │ 　　 すか？　好きな食べ物は何ですか？」 │ A：「○○○○が好きです」 │ B：「わかりました。ありがとう」 │ C：手を挙げて「はい，私も質問いいですか？　好きなゲームは │ 　　 ありますか？」 │ A：「△△が好きです」 │ C：「そうなんですか。僕も好きなので，また一緒に遊びましょ │ 　　 う」 │ A：「ぜひ，やりましょう」 └──────────────────────────────────────┘ ● 参加者にそれぞれのポイントについてできていたかどうかを聞く。
行動リハー サル＆強化・ フィードバック	○ 小グループでのリハーサル（2つのコースを用意） ● 今から2つのコースに分かれて練習しようと思います。　　　　　　　Point！② ● Aコースは，上手に質問をする自信がなく，声の大きさや視線などの質問するときの態度を中心に練習をするコースです。Bコースは，質問の内容を詳しく考えることを中心に練習をするコースです。どちらで練習したいかは自分たちで選んでください。 〈Aコース〉 目標：6つのポイントができるようになる。 　　　　特にポイントの①〜③を重点的に練習する 　　・自己紹介場面で，どのような質問をするのがよいか意見を出し合い，具体的に練習する質問を決める。 　　・職員が自己紹介を行い，各人が1つ質問をする。 　　・相手の顔を見ているか，声の大きさは適切かなどを中心にフィードバックする。 　　・質問の仕方についてフィードバックする。 　　・時間があれば，別の職員（可能であれば参加者）が自己紹介を行い，先ほどとは別の質問をする。

〈Point！②〉
何を質問してよいか，自分でわからない参加者がいるようであれば，例を書いたプリントや「ヒントカード」を用意してください。この頃はSSTをはじめて間もないため，参加者が失敗体験をしないように気をつけましょう。

セッション4　質問をする

	〈Bコース〉 目標：6つのポイントができるようになる。 　　　特にポイントの④〜⑥を重点的に練習する 　　・自己紹介場面で，①質問をしてよいか尋ねる言い方にはどんなものがあるか，②適切な質問と不適切な質問はなにか（基準：相手が答えやすいかどうか）について話し合う。 　　・職員が自己紹介をし，各人が1つ質問をする。 　　・「質問をしてよいか尋ねる」「わかりやすく尋ねる（質問の適切さ）」「お礼を言う」を中心にフィードバックする。 　　・時間があれば，別の職員（可能であれば参加者）が自己紹介を行い，先ほどとは別の質問をする。
振り返り& ホームワーク の説明	○ 各グループでのリハーサルでよかった点を全体に対してフィードバックする 　　⇒各グループの職員が様子やよかった点を伝える。 ○ ホームワークについて説明 　（⇒プリント「上手に質問できるかな（4－①）」を配布）　**Point！③** ● 今回のホームワークは，前回の宿題でみなさんに書いてもらった自己紹介カードを△△の場所に掲示しているので，その中から相手を1人選び，自己紹介カードの内容について1つ質問をしてください。聞いた質問内容と答えも記入してください。ポイントがうまくできたかどうかを自己評価します。 また，参加者だけでなく職員へも質問をしてください。職員の場合はポイントをチェックしてもらい，上手にできていれば職員からシールをもらいましょう。こちらも質問内容と答えを記入してください。

〈Point！③〉
「質問をするスキル」のポイントが書かれたポスターをどこか目立つところに掲示してください。

初級レベル

Ⅱ. 実 践 編

4 − ①

名前：＿＿＿＿＿＿＿＿＿＿＿＿＿＿＿＿＿

★☆ 上手に質問できるかな ☆★

　自己紹介カードの中から参加者と職員をそれぞれ1人ずつ選んで，自己紹介カードの内容について1つ質問しましょう。
　参加者への質問については，ポイントができていたかどうかを自分でチェックしましょう（○か×を書く）。また，質問の内容と答えも書いてください。

● 参加者への質問

	自分でチェック	質問した参加者の名前：
① 相手の顔を見る		〈質問内容〉
② 相手に聞こえる大きさの声で言う		
③ 相手の話を最後まで聞く		
④ 質問をしてよいか尋ねる		〈答え〉
⑤ わかりやすく言う		
⑥ お礼を言う		

● 職員への質問

	職員がチェック	質問した職員の名前：
① 相手の顔を見る		〈質問内容〉
② 相手に聞こえる大きさの声で言う		
③ 相手の話を最後まで聞く		
④ 質問をしてよいか尋ねる		〈答え〉
⑤ わかりやすく言う		
⑥ お礼を言う		

☆初級レベル（小学生～）：関係開始スキル⑤

セッション **5**

初めて会う人に話しかける（外出編）

◆ **目的とねらい**：セッション1～4で学習した「あいさつスキル」「人の話を聞くスキル」「自己紹介スキル」「質問をするスキル」を実際に初めて会う人に行う練習をします。参加者がより実践的で応用可能なスキルを獲得できるようにし，実際にできたと自信を高めてもらうねらいがあります。

◆ **行動項目**

> ① 相手の顔を見る
> ② 笑顔で話しかける
> ③ 相手に聞こえる大きさの声で言う
> ④ 相手に一声かける
> ⑤ わかりやすく言う
> ⑥ お礼を言う

◆ **解 説**：初めての外出編になるので参加者に余計な負担，心配，恐怖心を高めてしまう恐れがあります。そのため，どこに行くのか，その場で何を頼むのか等の大きな設定はあらかじめ職員が決めておき，それぞれの参加者に事前にどのように話しかけるか考えてもらっておくことが大切です。

　分担箇所に到着すれば，割り振られた参加者が一生懸命に実践し，その姿を他の参加者が遠まきに隠れて見守っています。参加者数名のグループをつくるメリットは，他の参加者が勇気をもって実践する姿を見て参加者同士がお互いに知らず知らずのうちに励ましあう効果がもたらされていることです。職員は，めったなことでは助けません。自分の力でミッションをやり遂げた参加者はよい表情になり，自信をもちます。

Ⅱ. 実践編

内　容	活動内容
導　入	○ 全員がそろってから全体で開始のあいさつとメンバー紹介をする
あいさつ	○ 全体で開始のあいさつ
心がけ	○ 心がけ，約束事を確認
教　示 前回の振り返りと今日の導入	○ 前回までの振り返り ● SSTも今回で5回目になりますが，今までみなさんしっかりと練習をしてくれていました。これまでのテーマは，「あいさつをする」「人の話を聞く」「自己紹介をする」「質問をする」でしたね。 ○ 今日のテーマ「初めて会う人に話しかける」の導入 ● さて今回は，これまで練習してきたことを，外の場面で実際に使う練習をします。これからみなさんには，グループに分かれて，○○周辺のいくつかの場所に行ってもらいます。 ● まずはグループ分けをします。グループごとに分かれて集まってください。 　⇒グループ発表。　　　　　　　　　〈アレンジ①〉
行動リハーサル＆強化・フィードバック	○ グループでの作業 ● それでは今日やってもらうことを説明します。今からみなさんには，グループのみんなと手分けをして7つのミッションをしてもらいます。どのミッションをするかはクジを引いて決めます。 〈アレンジ②〉 　① どのミッションをするか書かれた指令書を引く 　② それぞれのミッションの説明をする 　③ 使うスキルの説明と習ったポイントの確認をする 　④ 具体的に何を言ったらよいか考える 　⑤ 時間があればリハーサルをする 　　　　　　　　　　　　　　　　　　Point！① 〈A：スーパー〉 　ミッション1．店員に「○○はどこにおいていますか？」と聞く。 　ミッション2．レジで会計をするときに「お願いします」「ありがとうございました」とあいさつをする。 〈B：図書館〉 　ミッション3．図書館の人に「○○シリーズ」の本の場所を聞く。

※ 外出編のときは時間の関係上，アクティビティはしなくても構いません。

〈アレンジ①〉
グループの分け方は，参加者に任せてもよいですが，バランスを考えてこちらが指定する方法もあります。また，行先，ミッションは，それぞれの地域の実情に応じて変更してください。

〈アレンジ②〉
1回のセッションに90分とれない場合は，この部分に1セッション（50分）使い，次のセッションで外に出る方法があります。

〈Point！①〉
○○○の部分は自分の聞きたいものでよいです。

セッション5　初めて会う人に話しかける（外出編）

	〈C：コンビニエンスストア〉 　　ミッション4．店員に〇〇（他のお店）の場所はどこかを聞く。 〈D：スポーツ用品店〉 　　ミッション5．店員に「〇〇はどこにおいていますか？」と聞く。 〈E：衣料品店〉 　　ミッション6．店員に今日の営業時間を聞く。 〈F：参加者が所属している施設〉 　　ミッション7．自分が新しくクラスに入ったという設定で，〇〇（例：職員室，保健室）にいる職員に自己紹介をする（可能であれば，自己紹介をした後で職員が何か2つ質問をする）。 ● 実践するときには，これまで練習したポイントを忘れないでください。ポイントができているかどうかは職員がチェックします。また，ミッションがクリアできたら職員がシールを貼ります。出発する前に，必ずグループで行動することを約束してください。
フィールドワーク	○ 各グループが6つのポイントで7つのミッションを行う 　回る順番は， 　　A班：施設→コンビニエンスストア→図書館→スポーツ用品店→衣料品店→スーパー 　　B班：施設→スポーツ用品店→衣料品店→コンビニエンスストア→図書館→スーパー
振り返り	○ 帰ってきたらグループごとに振り返りをし，全員そろってから全体のまとめと修了式をする　**Point！②** ●（帰ってきたグループは）実際にやってみて上手くできたこと，むずかしかったことを振り返ってください。 ●（全員そろったら）それでは各グループの様子を教えてください。 　⇒各グループについていた職員が全体に伝える。 ● これまで人と人間関係をはじめるのに大切な「あいさつ」「話を聞く」「自己紹介」「質問」「初めての人に話しかける」という5つのことを練習してきました。みなさんとてもがんばって楽しく参加できました。今から1人ひとりに修了証をさしあげます。 　⇒1人ずつに修了証を渡す。

初級レベル

〈Point！②〉
外出編のときには，ちょっとしたご褒美を用意することがあります。たとえば，ジュースやお菓子，ちょっとしたプレゼントを用意する，ミッション終了後にそのままファーストフードでジュースを飲むなどです。

★中級レベル（小学生・中学生〜）：伝えるスキル①

セッション **6**

ありがとう，ごめんなさいを伝える

◆ **目的とねらい**：伝えるスキルの中でも今回と次回で自分の気持ちを伝える行動の練習をします。自分の気持ちがうまく伝わらずに相手から誤解されたりすることを避けるためです。自分の気持ちを伝えることは，自分を知ってもらうことでもあり，無用なストレスやトラブルを避けることにもつながります。今回は日常生活でも特に大切な「ありがとう」と「ごめんなさい」をきちんと伝えられるようになることを目指します。

◆ **行動項目**

> ① 相手の顔を見る
> ② 相手に聞こえる大きさの声で言う
> ③ 表情と口調を柔らかくする
> ④ 相手の気持ちを受け止める
> ⑤ 「ありがとう（ごめんなさい）」と言う

◆ **解　説**：表情や口調について

　　笑顔でやさしい口調で「ありがとう」と言うのと，ムスッとして小声で「ありがとう」と言うのとでは相手に与える印象がずいぶん異なります。同じ言葉でも表情や口調によって伝わり方が変わります。上記行動項目の「③表情と口調を柔らかくする」にあるように，表情や口調がやさしくなるように注意して「ありがとう」「ごめんなさい」が言えるとなおよいでしょう。自分自身では気づきにくい部分でもあるので，行動リハーサルでは意識してフィードバックしましょう。

セッション6　ありがとう，ごめんなさいを伝える

内　容	活動内容
導　入	○ 全員がそろってから全体で開始のあいさつとメンバー紹介をする
あいさつ	○ 全体で開始のあいさつ
アクティビティ	○ アイスブレイクのためのミニゲーム
心がけ	○ 心がけ，約束事を確認
教　示 今日の導入	○ 今日のテーマ「ありがとう，ごめんなさいを伝える」の導入 ● 今日から「伝えるスキル」をテーマとして，自分の気持ちを伝えたり，人に頼みごとをしたいときにどのようにすればよいのかを練習します。 ● 今回は，中でも自分の気持ちを伝えることをテーマにします。自分の気持ちを伝えることは，自分を大切にすることにつながることです。自分の気持ちを上手に伝えることでトラブルを少なくすることにもつながります。特に，「ありがとう」「ごめんなさい」を上手に伝える練習をしたいと思います。
モデリング	○ 職員がモデルを示す ● それでは今から，気持ちを伝える2つの場面を見せます。みなさんはAさんに注目してください。 ○ 「ありがとう」のモデリング ★ 友達が助けてくれた場面（その1） 　　A：（せきこんでいる） 　　B：「Aさん，なんかつらそうだけど大丈夫？」 　　A：「なんか，昨日からちょっと熱があるみたいで……」 　　B：「もう家に帰ってゆっくり休んだら？」 　　A：「でも今日はまだ自分の掃除の場所が終わってないんだ」 　　B：「いいよ。今日は私がやっといてあげるよ。だから今日はもう家に帰りなよ」 　　A：「あ，そう？　じゃあ。帰るわ。バイバイ〜」 ● このとき，Aさんはどんな気持ちだったでしょうか。また，その気持ちはBさんに伝わっていたでしょうか。 　　⇒参加者に聞く。 　　⇒Aさん，Bさんにそれぞれ気持ちを聞く。

中級レベル

Ⅱ. 実 践 編

> **Point !**
>
> A:「Bさんが掃除をしてくれるって言ってくれてうれしかったしありがたかったです」
> B:「Aさんが感謝してくれているようには伝わらなかったのでムッとしました」

● せっかく，相手に感謝する気持ちがあっても，さっきのAさんのやり方ではそれはうまく伝わっていなかったようですね。
　Aさんはどうすればよかったでしょうか。
　　⇒参加者に聞く。

● そうですね。はっきりと言葉にして感謝の気持ちを伝える必要がありますね。では，今度はAさんは上手に感謝の気持ちを伝えられるか見てみましょう。

★ 友達が助けてくれた場面（その２）

> A:（せきこんでいる）
> B:「Aさん，なんかつらそうだけど大丈夫？」
> A:「なんか，昨日からちょっと熱があるみたいで……」
> B:「もう家に帰ってゆっくり休んだら？」
> A:「でも今日はまだ自分の掃除の場所が終わってないんだ」
> B:「いいよ。今日は私がやっといてあげるよ。だから今日はもう家に帰りなよ」
> A:「本当にいいの？　Bさんも自分の掃除場所あって大変なのに。でも，嬉しい。ありがとう」

● 今度は，Aさんはとても上手に「ありがとう」の気持ちが伝えられていましたね。では，次のパターンを見てみましょう。今度は友達に借りた本を汚してしまい，それを返すという場面です。今回もAさんに注目して見てください。

○ 「ごめんなさい」のモデリング
★ 友達の本を汚してしまった場面（その１）

> B:「Aさん，この間貸した本もう読んだ？」
> A:「あ，これね。読んだ読んだ。すごく面白かった」
> B:「読み終わっていたならよかった。ちょうど別の人に貸してって言われてるんだ。じゃあ，返してもらえる？」
> A:（独り言で）『どうしよう……本にジュースこぼしてしまって，汚れてしまったんだなぁ……でも，言ったらBさんに

〈Point !〉
ポイントに「④相手の気持ちを受け止める」があるので，このようにして意識的に取り上げています。

セッション6　ありがとう，ごめんなさいを伝える

> 　　　　怒られそうだし。黙って返そう』
> 　　「あ，はい」
> 　B：「ありがとう」
> 　　　（Ａさんと別れてから本を開いて）
> 　　「うわ，汚れてる！」

● Ａさんは，このときどんな気持ちだったでしょうか。またＢさんは後で汚れているのを見つけて，どんな気持ちがしたでしょうか。
　　⇒参加者に聞く。
　　⇒Ａさん，Ｂさんにそれぞれ気持ちを聞く。　　　アレンジ①
　　　Ａ：「悪いなぁと思ったけど，怒られるのが怖くて結局黙って
　　　　　返してしまいました」
　　　Ｂ：「汚れていたうえに何も言ってくれなかったので腹が立ち
　　　　　ました」

● Ｂさんは，Ａさんが汚したこともそうですが，何も言ってくれなかったので余計に腹が立ったみたいですね。Ａさんはどうすればよかったでしょうか。
　　⇒参加者に聞く。

● そうですね。はっきりと言葉で謝ることが大切です。友達に「ごめんね」と言いにくい場面でも，しっかりと言葉でその気持ちを伝えておくことで，その後に大きなトラブルにならなくてすみますね。では，Ａさんが上手に「ごめんね」と気持ちが伝えられるかを次の場面で見てみましょう。

★　友達の本を汚してしまった場面（その２）　　　アレンジ②

> 　Ｂ：「Ａさん，この間貸した本もう読んだ？」
> 　Ａ：「あ，これね。読んだ読んだ。すごく面白かった」
> 　Ｂ：「読み終わっていたならよかった。ちょうど別の人に貸し
> 　　　てって言われてるんだ。じゃあ，返してもらえる？」
> 　Ａ：(独り言で)『どうしよう……本にジュースこぼしてしまっ
> 　　　て，汚れてしまったんだなぁ……でも，言ったらＢさんに
> 　　　怒られそうだし。でも謝ろう』
> 　　「Ｂさん，実は……。ジュースを飲みながら本を読んでいた
> 　　　ときにこぼしてしまって，本が汚れてしまったんだ。本当
> 　　　にごめんね」
> 　Ｂ：「そうなんだ。ま，これだったらまだ読めるし。いいよ。気
> 　　　にしないで」

〈アレンジ①〉
ありがとうやごめんなさいと伝えるには，まずは相手がどんな気持ちなのかを考える必要があります。このことが苦手な参加者もいるので，別のセッションで取り上げることもあります。具体的には，様々な場面が描かれている絵カード用いて，「どんな場面か」「登場人物の気持ちについて」「どう行動するべきか」について話し合いをします。

〈アレンジ②〉
ここでは取り上げていませんが，相手が許してくれそうにない場合には，弁償することを考える必要があることをあわせて伝えてもよいでしょう。

中級レベル

II. 実践編

	● Aさんに謝ってもらって，さっきとどう感じ方が違ったかを聞く。 　⇒B：「申し訳ない感じで正直に言ってもらえたから，そんなに腹も立たなかったです」 ● 「ありがとう」や「ごめんね」は照れくさかったり，気まずかったりして言いにくい場合もありますが，こうして言葉で伝えることはとても大切ですね。 ○ スキルのポイントをまとめる 〈ポイント〉 　① 相手の顔を見る 　② 相手に聞こえる大きさの声で言う 　③ 表情と口調を柔らかくする 　④ 相手の気持ち受け止める 　⑤ 「ありがとう（ごめんなさい）」と言う ● 今回のポイントはこの5つです。今日は特に⑤の「自分の気持ちを伝える」というポイントの中で，「ありがとう」と「ごめんね」の伝え方について練習していきます。	
行動リハーサル&強化・フィードバック	○ 少人数グループに分かれ，練習の内容について再度簡単に確認 ● それでは，今からグループに分かれて実際に「ありがとう」「ごめんなさい」を伝える練習をしたいと思います。練習する場面は，2つあります。	
アレンジ③	【場面1】宿題で忙しい友達が，自分の宿題のわからないところを，時間をかけて教えてくれた。 【場面2】友達に借りていた大事な本をなくしてしまった。 ● 各場面で，次の点について，グループで話し合ってみましょう。そして，最後に1回ずつその場面を練習しましょう。 　① 相手はどう思っているか 　② 相手の気持ちを受け止めるのにどのような言葉があるか 　③ 自分はどう思っているのか，どうしたいのか 　④ 自分の気持ちを相手に伝えるのにどのような言葉があるか ※ 友達役は職員が行い，強化・フィードバックを行う。	〈アレンジ③〉 リハーサルもモデリングと同じく参加者になじみのある場面を用いると効果的です。

セッション6　ありがとう，ごめんなさいを伝える

振り返り& ホームワーク の説明	○ 全体でセッションの振り返りをする ● 今日は，「ありがとう」，「ごめんなさい」を伝える練習をしました。グループに分かれての様子を教えてください。 　　⇒各グループの職員が様子やよかった点を伝える。 ○ ホームワークの説明をする 　（⇒プリント「「ありがとう」，「ごめんなさい」をきちんと伝えよう（6－①）」の配布） ● 今回のホームワークでは，この1週間で自分が「ありがとう」「ごめんなさい」と言ったことを書いてみてください。日々の生活の中で，どんなことについて，「ありがとう」「ごめんなさい」と言えたかを確認しましょう。記入できたら，職員にプリントを提出してコメントをもらってください。

中級レベル

Ⅱ. 実 践 編

6-①

名前：＿＿＿＿＿＿＿＿＿＿＿＿＿＿＿＿＿＿

★☆ 「ありがとう」，「ごめんなさい」をきちんと伝えよう ☆★

　この1週間であなたは，どんなことがあって，「ありがとう」「ごめんなさい」と言いましたか。3つずつ，書いてください。

☆「ありがとう」と言ったこと

- ＿＿＿＿＿＿＿＿＿＿＿＿＿＿＿＿＿＿＿＿＿＿＿＿＿＿＿＿＿＿＿＿＿＿＿＿＿＿

- ＿＿＿＿＿＿＿＿＿＿＿＿＿＿＿＿＿＿＿＿＿＿＿＿＿＿＿＿＿＿＿＿＿＿＿＿＿＿

- ＿＿＿＿＿＿＿＿＿＿＿＿＿＿＿＿＿＿＿＿＿＿＿＿＿＿＿＿＿＿＿＿＿＿＿＿＿＿

☆「ごめんなさい」と言ったこと

- ＿＿＿＿＿＿＿＿＿＿＿＿＿＿＿＿＿＿＿＿＿＿＿＿＿＿＿＿＿＿＿＿＿＿＿＿＿＿

- ＿＿＿＿＿＿＿＿＿＿＿＿＿＿＿＿＿＿＿＿＿＿＿＿＿＿＿＿＿＿＿＿＿＿＿＿＿＿

- ＿＿＿＿＿＿＿＿＿＿＿＿＿＿＿＿＿＿＿＿＿＿＿＿＿＿＿＿＿＿＿＿＿＿＿＿＿＿

コメント	サイン欄

★中級レベル（小学生・中学生〜）：伝えるスキル②

セッション **7**

気持ちを伝える

◆ **目的とねらい**：他者に伝えるスキルの中でも前回と今回で自分の気持ちを伝える行動の練習をします。中でも今回は，気持ちを伝えるうえで言いにくいことが多い，ネガティブな気持ちの伝え方を取り上げます。ネガティブな気持ちを伝えるときには，相手が嫌な気持ちにならないかについて気をつける必要があります。そのため，「I'm OK. You are OK.」となるような伝え方を獲得することを目指します。

◆ **行動項目**

> ① 相手の顔を見る
> ② 相手に聞こえる大きさの声で言う
> ③ 表情と口調を柔らかくする
> ④ 相手の気持ちを理解して伝える
> ⑤ 自分の気持ちを伝える

◆ **解　説**：アサーションについて

コミュニケーションの伝え方は，大きく次の3つに分けられます。
　(1)　自分のことだけを考えて相手を踏みにじる伝え方
　(2)　常に自分よりも相手を優先してしまう伝え方
　(3)　自分のことも考え，相手のことも配慮する伝え方
別の表現を使えば，
　(1)　攻撃的（aggressive）　　　「I'm OK.　You are not OK.」
　(2)　非主張的（non-assertive）　「I'm not OK.　You are OK.」
　(3)　アサーティブ（assertive）　「I'm OK.　You are OK.」
の3つになり，アサーションは(3)になります。つまり，アサーションとは，「自分も相手も大切にする自己主張（自己表現）」のことです。

Ⅱ. 実践編

内　容	活動内容
導　入	○ 全員がそろってから全体で開始のあいさつとメンバー紹介をする
あいさつ	○ 全体で開始のあいさつ
アクティビティ	○ アイスブレイクのためのミニゲーム
心がけ	○ 心がけ，約束事を確認
教　示 前回の 振り返りと 今日の導入	○ 前回の振り返り ● 前回から「伝える」をテーマとして，自分の気持ちを伝えたり，人に頼みごとをしたいときにどのようにすればよいのかを練習しています。 ● 前回は伝えることの中でも，「ありがとう」と「ごめんなさい」を伝えることをテーマにしました。自分自身の気持ちを伝えるということは，自分を大切にすることにつながることがわかったと思います。 ○ 今日のテーマ「気持ちを伝えるスキル」の導入 ● 今日は前回に引き続き，自分の気持ちを伝える練習をしますが，自分も相手も大切にする伝え方の練習をします。自分の気持ちをはっきり伝えて，しかも相手が嫌な気持ちにならないよう上手に伝えることが目標です。
モデリング	○ 職員がモデルを示す ● それでは今から気持ちを伝える場面をします。場面は「ジェンガの遊びをしているときに失敗をして，悪口を言われたとき」というものです。Aさんが悪口を言う役でBさんが悪口を言われる役です。みなさんはBさんに注目してください。 ★ 人から悪口を言われた場面〈パターン①　のび太くんタイプ〉 　A：「次は，Bさんの番だよ」 　B：「上手にできるかな……」 　　ー失敗してジェンガが倒れるー 　A：「あ～あ，Bさん下手だな～。もう終わっちゃった。Bさんと遊んでもつまんないや」 　B：「いや，あの……ごめんなさい」（もじもじして下を見たまま小さい声） 　A：「もういいや。あっちで他の子と遊んでくるね。バイバイ」（立ち去る） 　B：「あっ……」

Point！①

〈Point！①〉
アサーションの成立要因の１つであり，自分を大切にする「I'm OK.」を意識してもらいます。

アレンジ①

〈アレンジ①〉
モデリング場面はそれぞれの場所で起こりやすい場面，実際に参加者が経験した場面があればその方が学習効果は高いかもしれません。
嫌なことを言われた，笑われた，いじめられたなどネガティブな気持ちになる場面を選んでもらえたらと思います。

	● さてBさんは悪口を言われていましたが，このときはどんな気持ちだったでしょうか。 　　⇒参加者数名に聞く。　　[注意] ● 「Bさん，どうでしたか？」　　[Point！②] 　　⇒B：「がんばったのに，悪口を言われてしまって嫌な気持ちになりました。一緒に遊びたかったのに，あっちに行かれて残念でした」　　[Point！③] ● そうですね。今のはドラえもんにたとえると，のび太くんタイプで，もじもじして気持ちを伝えられませんでしたね。では，次のパターンを見てみましょう。 ★ 人から悪口を言われた場面〈パターン②　ジャイアンタイプ〉 　┌──────────────────────────┐ 　│A：「次は，Bさんの番だよ」　　　　　　　　　　　　　│ 　│B：「上手にできるかな……」　　　　　　　　　　　　│ 　│　　―失敗してジェンガが倒れる―　　　　　　　　　│ 　│A：「あ～あ，Bさん下手だな～。もう終わっちゃった。Bさん│ 　│　　と遊んでもつまんないや」　　　　　　　　　　　│ 　│B：「うるさいなー。ちょっと失敗したくらいで，そこまで言う│ 　│　　ことないやん。アホ」　　　　　　　　　　　　　│ 　│A：「なによ。もう知らなーい」（立ち去る）　　　　　　│ 　│B：「あっ……」　　　　　　　　　　　　　　　　　│ 　└──────────────────────────┘ ● 今のはどうでしたか。 　　⇒参加者に聞く。 ● 今のはのび太くんタイプと比べて，ジャイアンタイプです。気持ちを言うことは大切ですが，言い過ぎてしまうとケンカになってしまいます。気持ちの伝え方に注意してください。1回目ののび太くんのようにもじもじすると自分が嫌な気持ちになるし，2回目のジャイアンのように言い過ぎると相手が嫌な気持ちになります。相手が嫌な気持ちにならないように自分の気持ちを言うのが大切です。 ○ 「気持ちを伝えるスキル」の行動項目をまとめる。 ● そこで，今日のポイントはこの5つです。	《注意》 参加者に質問をして答えてもらった場合は，良し悪しにかかわらず，すべての意見を板書するように心がけてください。 〈Point！②〉 参加者の中には，たとえば広汎性発達障がいのように，自他の感情に気づき，言語化することが苦手な人がいます。その理解を促すためにこのコメントがあります。また，「Aさんはどんな気持ちか」，「どうしてそんな気持ちになったのか」というように，Bさんだけでなく他者の気持ちを考える機会を作ることも大切でしょう。 〈Point！③〉 3タイプをわかりやすくするために，非主張的はのび太くん，攻撃的はジャイアン，アサーティブはしずかちゃんを例としてあげています。モデリングでも，3タイプにそって3回行います。違いを意識するよう促してください。

中級レベル

Ⅱ．実践編

	④相手の気持ちを理解して伝えるでは，自分の気持ちをストレートに言うと相手を嫌な気持ちにさせるので，まずは相手の嫌な気持ちを受け止める言葉を伝えてから，自分の気持ちを伝えた方がスムーズです。	〈アレンジ②〉

アレンジ②

⑤の自分の気持ちとしていろいろな言葉がありますが，そのときの自分の気持ちに合った言葉を使ってください。
では，このポイントに注目して次のしずかちゃんパターンを見てください。

〈ポイント〉

① 相手の顔を見る
② 相手に聞こえる大きさの声で言う
③ 表情と口調を柔らかくする
④ 相手の気持ちを理解して伝える
⑤ 自分の気持ちを伝える

Point！④

★ 人から悪口を言われた場面〈パターン③　しずかちゃんタイプ〉

> A：「次は，Bさんの番だよ」
> B：「上手にできるかな……」
> 　　―失敗してジェンガが倒れる―
> A：「あ〜あ，Bさん下手だな〜。もう終わっちゃった。Bさんと遊んでもつまんないや」
> B：「こわしちゃってゴメンね。すぐに終わったらつまらないよね。でもそんなこと言われたら私はショックだけど。まぁ，そう言わずにもう一回やろうよ」
> A：「そっか。言い過ぎちゃったね。ゴメン。もう1回しようか」
> B：「うん。もう1回遊ぼう」

● 今のはどうでしたか。
　⇒参加者に聞いて，ポイントを確認。

● しずかちゃんパターンだと，相手も自分も嫌な気持ちにならなくてすみますね。

行動リハーサル＆強化・フィードバック	○ 少人数グループに分かれ，練習の内容について再度簡単に確認 ● それでは，グループに分かれて実際に「気持ちを伝える」練習をしてもらいます。練習をする場面は「朝のホームルームで自分の

〈アレンジ②〉
ここで，のび太くんは「自分は大丈夫ではないが，相手は大丈夫」，ジャイアンは「自分は大丈夫だが，相手は大丈夫ではない」と前に書き示すこともできます。年齢が低い場合は，シンプルに「自分→○　相手→×」でもよいでしょう。
また，Bさんは，他にどんな言い方があるか具体的に考えて意見を言ってもらうとさらに練習になります。

〈Point！④〉
今回の行動項目のうち，③と④が少しあいまいな表現になっています。参加者によっては理解しにくいかもしれないので，その場合はもう少し丁寧な説明が必要です。たとえば，後のロールプレイで，③の柔らかい話し方の練習をすることが有益な場合もあるでしょう。また，④で何を言うか考えてから，実際にロールプレイに入ることもできます。

	寝ぐせを笑われた」というものです。この場面について, ① 相手はどう思ってるか ② 相手の気持ちを受け止めるのにどんな言葉があるか ③ 自分はどう思っているのか, どうしたいのか ④ 自分の気持ちを相手に伝えるためにどんな言葉があるか について話し合いましょう。そして, 実際にそのやりとりを練習しましょう。 ⇒参加者は1人ずつ「笑われる人」になって練習をする。「笑う人」は職員がする。
振り返り＆ ホームワーク の説明	○ 全体でセッションの振り返りをする ● 今日は, 上手に人に気持ちを伝えることを目標に練習をしましたが, グループに分かれての練習はどうでしたか？ ⇒職員の感想。 ○ ホームワークの説明をする (⇒プリント「あなたならどう言う？？（7－①）」を配布) ● まず, みなさんにプリントを配ります。プリントに書いているような場面に対して, 自分ならどう言うのかを考えて, ①に書きましょう。また, 他にどのような言い方があるかについて, 職員に聞いて②に書きましょう。記入できたら, 職員までプリントを提出してコメントをもらってください。

〈アレンジ③〉
学校場面のように1対多人数で実施する場合は, 参加者同士でペアを組み, 練習してもらう方法もあります。

〈Point！⑤〉
ホームワークでは, 伝え方にはいろいろなものがあることを知ってもらうことが目的となります。

Ⅱ. 実践編

7 - ①

名前：＿＿＿＿＿＿＿＿＿＿＿＿＿

★☆ あなたならどう言う？？ ☆★

今回のSSTでは，人に気持ちを伝えることを練習しました。

そこでホームワークでは，下に書いているような場面に対して，自分ならどう言うのかを考えて，①に書きましょう。また，他にどのような言い方があるかについて，職員に聞いて②に書きましょう。

【場面】
あなたは，仲が良いAさんとお昼ご飯を食べています。そのときに，Aさんがあなたに「もっと早く食べられないの。遅いわ〜」と言ってきました。
あなたにとってAさんは大事な友達なので，Aさんとの関係を悪くせずに，自分の気持ちを言いたいと思っています。
あなたは言いました。「ごめん。……」

● 「……」に入る言葉を考えてください。

	伝える内容	職員サイン
①自分の案		
②他の言い方		
②他の言い方		

コメント	サイン欄

★中級レベル（小学生・中学生〜）：伝えるスキル③

セッション 8

要求を伝える

お願いがあるんだけど…

◆ **目的とねらい**：伝えるスキルの中でも，自分の要求を相手に伝えることは基本的なスキルです。ただし，その要求の内容，相手，場面によっては伝えづらい場面もあります。取り組みやすい場面から，少しむずかしい場面まで，段階的に練習することで，いろいろな日常場面で要求を伝えられるようにします。また，要求をする際には，前置きやお礼を言うなどのポイントを押さえることで，相手に気持ちよく要求を受け入れてもらえるようにします。

◆ **行動項目**

① 相手の顔を見る
② 相手に聞こえる大きさの声で言う
③ 相手を気遣う前置きの言葉を言う
④ 何をしてほしいか言う
⑤ 理由を言う
⑥ 「ありがとう」と言う

◆ **解　説**：上記ポイントにある「③相手を気遣う前置きの言葉を言う」は，具体的には，自分の要求を伝える前の「ちょっと今いいですか」，「お願いがあるんだけど」，「忙しそうなところ申し訳ないんだけど」のような相手を気遣う言葉のことです。実際の要求にはあまり関係ないようにも思えますが，相手に対して唐突に要求だけを伝えるのではなく，はじめに一言添えるだけで印象がずいぶん違うことを参加者に理解してもらいましょう。この「相手を気遣う前置きの言葉」は，要求を伝える場面だけではなく，他の場面でも広く使うことができる大切なポイントです。

Ⅱ. 実践編

内　容	活動内容
導　入	○ 全員がそろってから全体で開始のあいさつとメンバー紹介をする
あいさつ	○ 全体で開始のあいさつ
アクティビティ	○ アイスブレイクのためのミニゲーム
心がけ	○ 心がけ，約束事を確認
教　示 今日の導入	○ 今日のテーマ「要求を伝える」の導入 ● 今日は，伝えるスキルの中でも「要求を伝える」をテーマに練習をします。この練習をするとよいことは，自分や人を傷つけることなく，自分のしたいことを人に頼めるようになることです。言いなりになったり，攻撃的になったりしないで自分の言いたいことをはっきり伝えられるようになりましょう。
モデリング	○ 職員がモデルを示す ● それでは今から相手に頼みごとを伝える場面をします。はじめて塾に行く日に，少し不安なので一緒に行こうと友達に頼む場面です。友達のAさんにBさんがどのように頼むのかに注目してください。まずはパターン①です。 ★ 塾にはじめて行く日に，少し不安なので一緒に行こうと友達に頼む場面〈パターン①　のび太くんタイプ〉 B：「今日から塾だなあ。塾に行くのははじめてだし，なんかちょっと不安。そういえば，Aさんも塾に行くって言っていたし，一緒に行ってくれるか頼んでみよう」 A：（近づいてくる） B：「あっ，Aさんだ」 　　（Aさんに近づき）「Aさん，こんにちは」 A：「あ，Bさん。こんにちは」 B：「あの～，今日の塾に一緒に行く人がいないんだ」 A：「あ，そうなんだ」 B：「うん。まだ塾までの道をおぼえていないからとっても不安なんだ」 A：「それは大変だね」 B：「そう。だからとっても困ってて……」 A：「じゃあ，塾までのわかりやすい地図書いてあげるよ」 B：「……う～ん，でも，地図を読むの苦手だし……」 A：「私，わかりやすい地図を書くのが得意だから大丈夫だよ。

〈Point！①〉
要求を伝えるというスキルは，相手の気持ちに配慮しながら，自分の要求を通すという点で，むずかしいと感じる参加者も多いかもしれません。相手に遠慮して自分の要求を通せなければ自分がつらい思いをしますが，無理に自分の要求を通そうとすると，相手の気分を害するということをまず参加者に理解してもらいます。

〈アレンジ①〉
まずはじめのモデリングでは，相手に遠慮してしまい自分の要求を伝えることができない場面を行います。はっきりと相手に何をしてほしいかを言わないと，相手には自分の要求が伝わらないということを参加者に理解してもらいます。参加者が日常生活で遭遇しそうな場面でモデリングをするとよいでしょう。

セッション 8　要求を伝える

　　　　　まかせといて」
　　　B：「う〜，うん。じゃあ，お願い」

● Ｂさんはａさんと一緒に行くことができませんでしたね。みなさんは，今のＢさんの頼み方をどう思いますか。一緒に塾に行きたいという気持ちが伝わっていたでしょうか。
　　⇒数名に答えてもらう。

● 今のはドラえもんにたとえると，のび太くんタイプで，もじもじして自分の気持ちや頼みごとを伝えられませんでしたね。では，次のパターン②を見てみましょう。

〈パターン②　ジャイアンタイプ〉

　　アレンジ②

　　　B：「今日から塾だなあ。塾に行くのははじめてだし，なんかちょっと不安。そういえば，Ａさんも塾行くって言ってたし，一緒に行ってくれるか頼んでみよう」
　　　A：（近づいてくる。）
　　　B：「あっ，Ａさんだ」
　　　　（Ａさんに近づき）「Ａさん，ちょっといい？　今日の塾一緒に行く人いないから，一緒に行こうよ」
　　　A：「え，あ〜……う〜ん……今日はＣさんと行く約束をしているんだけど……」
　　　B：「え〜。いいじゃん，Ｃさんは一人で大丈夫だよ。２人で行こう行こう！」
　　　A：「でも……」
　　　B：「大丈夫，大丈夫。行こう！」とＡさんの手を引っ張って去っていく。

〈アレンジ②〉
ここでは，先ほどののび太くんタイプで扱ったのと同じ場面設定でモデリングを行います。自分の要求をはっきり相手に伝えたとしても，伝え方次第で，相手の気分を害してしまうということを参加者に理解してもらいます。

● ＢさんはＡさんと一緒に行くことができましたね。Ｂさんの頼み方はどうでしたか。このように頼まれたら相手はどのような気持ちになると思いますか。
　　⇒数名に答えてもらう。

Point！②

● 今のはのび太くんタイプと比べて，ジャイアンタイプです。何をしてほしいか言うことは大切ですが，言い過ぎてしまうと相手をイライラさせてしまったり，ケンカになってしまいます。１回目ののび太くんのようにもじもじすると自分が嫌な気持ちになるし，２回目のジャイアンのように言い過ぎると相手が嫌な気持ちになります。

〈Point！②〉
前回（セッション７）のアサーティブな伝え方と同じ説明をします。

中級レベル

Ⅱ．実 践 編

● そこで，今日のポイントはこの6つです。

〈ポイント〉

①　相手の顔を見る
②　相手に聞こえる大きさの声で言う
③　相手を気遣う前置きの言葉を言う
④　何をしてほしいか言う
⑤　理由を言う
⑥　「ありがとう」と言う

Point！③

〈Point！③〉
ポイントを提示するときには，これまで出された意見に関連づけながら，提示するとよいでしょう。

● では，このポイントに注目して，最後にしずかちゃんパターンを見てください。

〈パターン③　しずかちゃんタイプ〉

アレンジ③

B：「今日から塾だなあ。塾に行くのははじめてだし，なんかちょっと不安。そういえば，Aさんも塾行くって言ってたし，一緒に行ってくれるか頼んでみよう」
A：（近づいてくる）
B：「あっ，Aさんだ」
　　（Aさんに近づき）「Aさん，今ちょっといいかな？」
A：「Bさん，どうしたの？」
B：「今日から塾だけど，初めてだしちょっと不安だから，もしよかったら一緒に行ってくれないかな？」
A：「う〜ん，そうだね。実はCさんと行く約束しているんだけど。Cさんに聞いてみようか」
B：「ほんと？　ありがとう」

〈アレンジ③〉
これまで行ってきた2回と同じ場面設定でモデリングを行います。ポイントで提示した「相手を気遣う前置きの言葉を言う」「何をしてほしいか言う」「理由を言う」「「ありがとう」と言う」という4つのポイントが押さえられていることが，他のタイプとこのしずかちゃんタイプの違いです。そのことを参加者に理解してもらいましょう。

● 今のBさんの頼み方はどうでしたか。このように頼まれたらどう感じますか。
　　⇒数名に答えてもらう。

● このしずかちゃんタイプの頼み方は，6つのポイントを守っています。自分の気持ちをしっかり言っていますし，相手を気遣った言い方になっています。相手に何か頼みごとをするときは，自分の要求だけでなく，相手がどのように思うかを考えて，どちらも気持ちよい関係を続けられる方法を考えましょう。

セッション8　要求を伝える

行動リハーサル&強化・フィードバック	○ 3〜4名ずつのグループに分かれる ● それでは，今からグループに分かれて気持ちや要求を伝える練習をしたいと思います。今から練習してもらう場面は4つあります。 ①「友達にほしい物を貸してもらう」 ②「騒がしい人に静かにしてほしいと頼む」 ③「忙しそうにしている職員に話を聞いてほしいと頼む」 ④「体調が悪いときに薬がほしいと職員に頼む」 アレンジ④ ● しっかり練習してきちんと伝えられるようになりましょう。練習する場面は，自分に必要な場面を選んでやってもいいですし，全部挑戦してもよいです。さらに頼まれる相手の役もやってみて，そのときの自分や相手の気持ちをみんなで考えてみたいと思います。	〈アレンジ④〉 行動リハーサルでは，参加者が日常場面で遭遇しやすい場面設定を行います。参加者それぞれが自分と関わる場面を練習することができるように，場面設定（要求の内容，相手，状況）はバラエティーに富んだものを複数用意します。 今回は，対子ども，対職員を2つずつ用意しています。	中級レベル
振り返り&ホームワークの説明	○ 全体でセッションの振り返りをする ● 今日は，「要求を伝える」というテーマで，いろいろな場面で頼みごとをする練習をしてみましたが，どうでしたか。 　⇒各グループの職員に感想を聞く。 アレンジ⑤ ○ ホームワークの説明をする 　（⇒プリント「上手に頼んでパズルに挑戦（8−①）」を配布） ● 今回のホームワークはパズルです。パズルのピースを職員が持っているので，今日練習したポイントを押さえてピースをもらえるように上手に頼みましょう。ピースは4つあり，○○先生，△△先生，□□先生，××先生の4人が持っています。ピースが集まったら絵を完成させましょう。みんなが好きな「あれ」になります。職員4人に頼んでピースをもらってください。	〈アレンジ⑤〉 ピースは，本やインターネットからコピーしたものを4分割して用意します。他にも職員のサインをもらう方法もあります。	

Ⅱ. 実践編

8-①

名前：＿＿＿＿＿＿＿＿＿＿＿＿＿＿＿＿

★☆ 上手に頼んでパズルに挑戦 ☆★

- 職員４人に頼んでピースをもらいます。
- 頼むときは下の「要求を伝える」のポイントの通りにしましょう。
- ピースを集めて絵を完成させてください。

　　【ここに貼りましょう】

☆「要求を伝える」のポイント

> ① 相手の顔を見る
> ② 聞こえる大きさの声で言う
> ③ 相手を気遣う前置きの言葉を言う
> ④ 何をしてほしいか言う
> ⑤ 理由を言う
> ⑥ 「ありがとう」と言う

★中級レベル（小学生・中学生〜）：伝えるスキル④

セッション
9

困ったときに助けを求める

◆ **目的とねらい**：伝える場面の中でも，日頃接することのない人への伝え方を練習します。また，本セッションは外出編のためのリハーサルという意味合いもあります。外出時といった社会的場面において，困ったときに助けを求められることが大きな目標になります。

◆ **行動項目**

> ① 相手の顔を見る
> ② 相手に聞こえる大きさの声で言う
> ③ 相手を気遣う前置きの言葉を言う
> ④ 何をしてほしいか言う
> ⑤ 理由を言う
> ⑥ 「ありがとうございます」と言う

◆ **解　説**：このセッションでは「行きたい場所の道順を人に聞く」場面を想定して練習を行います。生活をしていると，いつもなじみのある場所以外に行くことが多くあります。また1人で外出をして身近に頼れる人がいない場合もあります。
　　　　　初めて会う人に頼みごとをするときは，「５Ｗ１Ｈ」を意識して，自分が具体的に何をしてほしいかと，そうしてもらいたい理由をしっかりと伝える必要があります。また，年齢が高くなるにつれて社会資源を活用することが増えてきます。そのために参加者の年齢に合わせて社会資源の説明（どこで何ができるか，こういうことで困ったらどこに行けばよいかなど）をすることも大切です。

Ⅱ. 実 践 編

内　容	活動内容
導　入	○ 全員がそろってから全体で開始のあいさつとメンバー紹介をする
あいさつ	○ 全体で開始のあいさつ
アクティビティ	○ アイスブレイクのためのミニゲーム
心がけ	○ 心がけ，約束事を確認
教　示 前回の振り返りと今日の導入	○ 今日のテーマ「困ったときに助けを求める」の導入 ● これまで，「伝える」をテーマに自分の気持ちを伝えたり，人に頼みごとをしたいときにどのようにすればよいのかを練習してきました。今日は外出先で伝えることをテーマにして，困ったときに助けを求めるためのスキルを学びたいと思います。 ● 人は1人では生きていけません。誰かを助け，誰かに助けられて生きています。ここにいる全員が誰かに助けられて生活していますね。でも，何かで困っているときにそのことを伝えられないと助けてほしいことに気がついてもらえません。今日はいつも過ごしている場所以外で困ったことがあったときに助けを求めたり，頼みごとをするやり方を学んでいきたいと思います。
モデリング	○ 職員がモデルを示して見せる ● では，これからある頼みごとをする場面を見ていきます。Aさんがお見舞いのためにC病院に行きます。しかし病院までの場所がわからないので交番でその場所を聞く場面です。　アレンジ① ★ 交番で病院への行き方を教えてほしいと頼む場面（その1） A：「あのー，すいません」 B：「はい。どうしました」 A：「病院への行き方を教えてもらいたいのですが……」 B：「どこの病院ですか？」 A：「C病院です」 B：「C病院ですか。ここをまっすぐ進んで4つ目の角を右に曲がります。そこを進んで2つ目の信号の左斜めの道を進んで，さらに3つ目の角を右に曲がるとC病院に着きます」 A：（少し戸惑い気味に）「もう1回お願いできますか？」 B：「さっきも言ったように……（上記と同じ説明）」 A：「えーっと……はい，わかりました。ありがとうございました」

〈アレンジ①〉
今回は日常生活で比較的多く経験する道順を尋ねるという場面設定にしています。しかし外出先で初めて会う人に話しかける場面であればアレンジ可能です。

● 今，Aさんはどんな気持ちなのでしょうか。Aさんに聞いてみましょう。
　⇒A：「聞いただけでは道順を覚えられませんでした。もっとわかりやすく教えてほしかったのですが，何て言ってよいかわからず，わかったふりをしてしまいました」

● Aさんはもう1度聞きなおすことができませんでした。そこで，人に頼みごとをする場合のポイントがこの6つです。

〈ポイント〉
① 相手の顔を見る
② 相手に聞こえる大きさの声で言う
③ 相手を気遣う前置きの言葉を言う
④ 何をしてほしいか言う
⑤ 理由を言う
⑥ 「ありがとうございます」と言う

Point！①

〈Point！①〉
今回は特に，③，④，⑤の伝え方を練習します。

● ではこのポイントを踏まえて，次のパターンを見てみましょう。みなさんは特に③，④，⑤についてどのように伝えているかに注目してください。

★　交番で病院への行き方を教えてほしいと頼む場面（その2）

A：「あのー，すいません」
B：「はい。どうしました」
A：「病院への行き方を教えてもらいたいのですが……」
B：「どこの病院ですか？」
A：「C病院です」
B：「C病院ですか。ここをまっすぐ進んで4つ目の角を右に曲がります。そこを進んで2つ目の信号の左斜めの道を進んで，さらに3つめの角を右に曲がるとC病院に着きます」
A：「お忙しい中で申し訳ないんですが，少し長くて，覚えられそうにないので紙に書いてもらえませんか」
B：「構いませんよ。ちょっと書くので，それまで待ってくださいね」
　（Bが紙に書き，書いた用紙を手渡す）
B：「はい。どうぞ」
A：（内容を確認したうえで）「ありがとうございました。とても助かりました」

中級レベル

セッション9　困ったときに助けを求める

	● Aさんは病院への行き方がわかったようですね。今のAさんの頼み方はどうでしたか。 　　⇒数名に聞く。 ● そうですね。ポイントの「③相手を気遣う前置きの言葉を言う」では「お忙しい中で申し訳ないんですが」と言っていました。きちんと相手を配慮したうえで頼むと，相手も嫌な気持ちになることはありませんね。「④何をしてほしいか言う」では，具体的に紙に行き方を書いてほしいと伝えていました。「⑤理由を言う」では，覚えられないからと伝えられていました。 ● 相手にわかりやすく説明をするためのヒントがあります。それは，「誰が，いつ，どこで，何を，なぜ，どのように」を伝えるということです。これは一般的に「５Ｗ１Ｈ」と言われるものです。 〈５Ｗ１Ｈ〉 ① Who（誰が） ② When（いつ） ③ Where（どこで） ④ What（何を） ⑤ Why（なぜ） ⑥ How（どのように）　　　　Point！ ② ● 先ほどの例では，「誰が」は私，「いつ」は今，「どこで」はこの場で，「何を」は道順，「なぜ」は覚えられないので，「どのように」は紙に書く，というようになります。５Ｗ１Ｈを忘れずに伝えると，相手はよりわかってくれるでしょう。	〈Point！ ②〉 行動項目の④と⑤の具体的なヒントとして提示します。
行動リハーサル&強化・フィードバック	○ グループに分かれて練習をする　　　　　　　アレンジ② ● それでは，今から外出先で困ったときに助けを求める練習をしたいと思います。まずはグループに分かれます。 　（⇒プリント「困ったときは助けを求めよう（９-①）」配布） 　1．４つの場面のうち，どの場面を練習するか決めましょう。この中に頼みたいものがなければ，⑤その他に内容を書いてください。 　2．次に，その「理由」と「何を頼みたいか」を書いてください。横に例をのせているのでこれを参考にしてください。 　　⇒職員は埋められていない参加者のフォローを行う。	〈アレンジ②〉 リハーサルとともに，対象者の年齢に合った社会資源の一覧を配布して説明することもできます。その中から選んでリハーサルする方法もあります。なお，大阪府立子どもライフサポートセンターでは１人暮らしに必要な手続きについて説明しています。

振り返り＆ホームワークの説明	3．それでは，今から1人ひとり練習をしましょう。　アレンジ③ ○ 全体でセッションの振り返りをする ● 今日は「困ったときに助けを求める」というテーマで，いろいろな場面で頼みごとをする練習をしてみましたが，どうでしたか。 　⇒各グループの職員に感想を聞く。 ● 今日の6つのポイントと「5W1H」を伝えるように意識をしてみてください。 ○ ホームワークの説明をする 　（⇒プリント「初めて会う人にお願いしてみよう（9－②）」配布） ● 今回のホームワークは，次回のSSTまでに，誰か初めて会う人に頼みごとをしてみましょう。そして，その頼みごとについて，ポイントができていたかどうかを自分でチェックします。プリントに表がありますが，まずは頼みごとをした相手がどんな人かを書きましょう。その次に，ポイント①，②，⑥はできたかどうかを○×で，ポイント③，④，⑤は，伝えた内容を書いてください。	〈アレンジ③〉 場面設定によりますが，応用編として，相手が断わるという設定もできます。その場合は，断られた後に，①どうしてダメなのか理由を聞く，②頼み方を変えることで聞いてもらえそうなら，もう一度頼む，③他に頼めそうな人がいたら，他の人にお願いする，④急ぎでない場合，時間をおいて後で頼む，などの方法があることを提示します。

中級レベル

Ⅱ. 実践編

9-①

名前：＿＿＿＿＿＿＿＿＿＿＿＿＿＿

★☆ 困ったときは助けを求めよう ☆★

● どんなたのみごとをしたいですか。

① 交番で市役所までの行き方を教えてほしい
② お店で探している物の場所を教えてほしい
③ 郵便局で配達料金を教えてほしい
④ 銀行で通帳の作り方を教えてほしい
⑤ その他（　　　　　　　　　　　　　　　　　　）

1. たのみごとをしなければならない理由

	（例）市役所までの行き方をたずねるとき
	行き方がわからないので，教えてほしい

2. 何をたのみたいのか（具体的に）

	（例）市役所までの行き方をたずねるとき
	道順を紙に書いてもらいたい

〈ポイント〉
① 相手の顔を見る
② 相手に聞こえる大きさの声で言う
③ 相手を気遣う前置きの言葉を言う
④ 何をしてほしいか言う
⑤ 理由を言う
⑥ 「ありがとうございます」と言う

〈意識すること〉
５Ｗ１Ｈを用いて，相手にわかりやすいように説明する

①誰が　　②いつ
③どこで　④何を
⑤なぜ　　⑥どのように

9－②

名前：＿＿＿＿＿＿＿＿＿＿＿＿＿＿＿＿

★☆ 初めて会う人にお願いしてみよう ☆★

- 初めて会う人に頼みごとをしてみましょう。
- その頼みごとについて，ポイントができていたかどうかを自分でチェックして下の表に書きましょう。
  - 質問をした相手がどんな人か書きましょう。
  - ポイント①，②，⑥は，それができた場合は○，できなかった場合は×を書きましょう。
  - ポイント③，④，⑤は，伝えた内容を書きましょう。

中級レベル

質問をした相手：	
〈ポイント〉	〈内容〉
① 相手の顔を見る	（○か×か）
② 相手に聞こえる大きさの声で言う	（○か×か）
③ 相手を気遣う前置きの言葉を言う	（なにを伝えたか）
④ 何をしてほしいか言う	（なにを伝えたか）
⑤ 理由を言う	（なにを伝えたか）
⑥「ありがとうございます」と言う	（○か×か）

★中級レベル（小学生・中学生〜）：伝えるスキル⑤

セッション
10

初めて会う人に伝える（外出編）

◆ **目的とねらい**：これまでのセッション６〜９で獲得したスキルを日常生活場面で使用できるようになることを目指して，スーパーや駅，図書館や郵便局などで実施します。グループに分かれて実施し，各々のミッションをクリアしていきます。般化・維持のために重要なセッションになります。

◆ **行動項目**

① 相手の顔を見る
② 相手に聞こえる大きさの声で言う
③ 相手を気遣う前置きの言葉を言う
④ 何をしてほしいか言う
⑤ 理由を言う
⑥ 「ありがとうございます」と言う

◆ **解　説**：参加者には２回目の外出編になります。実施場所の地理的状況によりますが，大阪府立子どもライフサポートセンターの場合には，１回目は徒歩圏内の様々な施設に行って実施します。そして２回目となる今回は電車に乗り少し離れた場所に行って実施します。これは電車に乗る練習にもなります。図書館や市役所など社会資源の見学を兼ねて実施するのも有益でしょう。

セッション10　初めて会う人に伝える（外出編）

内　容	活動内容
導　入	○ 全員がそろってから全体で開始のあいさつとメンバー紹介をする
あいさつ	○ 全体で開始のあいさつ
心がけ	○ 心がけ，約束事を確認
教　示 今日の導入	○ 今日のテーマ「初めて会う人に伝える（外出編）」の導入 ● これまで，「伝える」をテーマに自分の気持ちを伝えたり，人に頼みごとをしたいときにどのようにすればよいのかを練習してきました。 ● さて今回は，これまで練習してきたことを，日常生活場面で実際に使う練習をします。これからみなさんには，グループに分かれて，〇〇駅周辺に行ってもらいます。 ● まずはグループ分けをします。グループごとに分かれて集まってください。 　　⇒グループ発表。
行動リハーサル＆強化・フィードバック	○ グループでの作業　〈アレンジ①〉 ● それでは今日やってもらうことを説明します。今からみなさんにはグループで7つのミッションをしてもらいます。どのミッションをするかは各グループで決めてください。 　① 担当を決める　〈アレンジ②〉 　② 指令書を渡し，ミッションの説明 　③ 使うスキルの説明やポイントの確認 　④ 具体的に何を言うか考える 　⑤ 時間があればリハーサルをする 〈A：駅〉 　ミッション1．駅員さんにB図書館までの行き方を聞く 〈B：図書館〉 　ミッション2．『C図鑑』の本の場所を聞く 〈C：スーパーのインフォメーションセンター〉 　ミッション3．Dショップの場所を聞く

※ 外出編の時は時間の関係上，アクティビティはしなくても構いません。

中級レベル

〈アレンジ①〉
1回目はクジをひいてどのミッションをするかを決めましたが，今回は参加者で決めてもらいます。内容は，地理的状況により異なりますが，2回目の外出編なので様々な状況を経験し，さらに自信をつけるため，1人2つ以上のミッションを担当できるように用意してもらえればと思います。

〈アレンジ②〉
電車に乗り最寄り駅以外の駅に行く場合は，このセッションに120分とっています。長時間とれない場合は，リハーサルに1セッション使い，次のセッションで外に出る方法があります。

Ⅱ．実践編

	〈D：郵便局〉 　　ミッション４．中身の入った封筒を持っていき，郵便料金がいくらかかるか聞く 〈適当な店を選んで〉 　　ミッション５．店員さんに新商品はどれか聞く 　　ミッション６．店員さんに定休日はいつか聞く 　　ミッション７．店員さんにトイレの場所を聞く ● それではこれから出発しますが，実践するときには練習したポイントを忘れないでください。ポイントができているかどうかは職員が見ていますのでがんばってください。また，ミッションがクリアできたら職員がシールを貼ります。出発する前に約束をしてほしいことがあります。必ずグループで行動してください。
フィールドワーク	○ 各グループは以下の順番でミッションを行う 　A班：駅→図書館→スーパー→郵便局 　　（5，6，7はいずれかの場所で） 　B班：駅→スーパー→郵便局→図書館 　　（5，6，7はいずれかの場所で）
振り返り	○ 帰ってきたらグループごとに振り返りをし，全員そろってから全体のまとめと修了式をする　**Point !** ● （帰ってきたグループは）実際にやってみて上手くできたこと，むずかしかったことを振り返ってください。 ● （全員そろったら）それでは各グループの様子を教えてください。 　　⇒各グループについていた職員が全体に伝える。 ● これまで5回にわたって，「ありがとう，ごめんなさいを伝える」「気持ちを伝える」「要求を伝える」「困ったときに助けを求める」「初めて会う人に伝える」という5つのことを練習してきました。みなさんとてもがんばって楽しく参加できました。今から1人ひとりに修了証をさしあげます。 　　⇒1人ずつに修了証を渡す。

〈Point !〉
外出編のときには，ちょっとしたご褒美を用意することがあります。たとえば，ジュースやお菓子，ちょっとしたプレゼントを用意する，ミッション終了後にそのままファーストフード店でジュースを飲むなどです。

★中級レベル（小学生・中学生〜）：断るスキル①

セッション 11

理由を伝えて断る

◆ **目的とねらい**：相手に伝える行為の中でも断るスキルは，断らなければ自分が嫌な気持ちになるにもかかわらず，断れば相手が嫌な気持ちになるのではないかという不安から，むずかしいと感じることも多いかもしれません。同じ断る行為であっても，断る言葉の言い方を工夫したり，具体的な理由を伝えることで，相手の感じ方が変わってくるということを参加者に理解してもらいます。

◆ **行動項目**

①　相手の顔を見る
②　相手に聞こえる大きさの声で言う
③　謝る
④　理由を言う
⑤　断りの言葉を言う

◆ **解　説**：他のスキルと比べて，セッション11〜13で練習する断るスキルは，身につけることがむずかしいスキルの1つです。不登校の子どもは自己主張や気持ちの表現が苦手であるという研究報告があるように，参加者の特性も影響しているためでしょう。子どもたちのなかには，断るスキルをはじめとする主張スキルについて，主張しすぎる参加者とうまく主張できない参加者がいます。もし後者であり，加えて緊張や不安のために身につけることむずかしい場合は，緊張や不安を軽減するアプローチを併せて行うことが望まれます。

Ⅱ. 実践編

内　容	活動内容
導　入	○ 全員がそろってから全体で開始のあいさつとメンバー紹介をする
あいさつ	○ 全体で開始のあいさつ
アクティビティ	○ アイスブレイクのためのミニゲーム
心がけ	○ 心がけ，約束事を確認
教　示 今日の導入	○ 今日のテーマ「理由を伝えて断る」の導入　**Point！①** ● 今日は，相手からの要求に対して，どうやって上手に断るかという「上手に断るスキル」を練習したいと思います。断ることが苦手な人はみなさんの中にも多いと思います。しかし，したくないことは勇気をもって断らないと自分が嫌な気持ちになります。今日は，上手に断るという練習をみんなでしていきましょう。
モデリング	○ 職員がモデルを示して見せる ● それではまずは，AさんとBさんに断る場面をやってもらいます。場面は，「Bさんが体調が悪いときに，Aさんに一緒に外出しようと誘われる」場面です。Bさんは，体調が悪いので部屋で寝ておきたいと思っています。さぁ，Bさんは上手に断ることができるでしょうか。みなさんはBさんに注目して見ておいてください。 **アレンジ①** ★ 体調が悪いときに，友人に外出しようと誘われて，断る場面 〈その①　もじもじタイプ〉 B：「あ～，なんか頭痛いなぁ……」（体調悪そうにしている） A：「なぁ，Bさん」 B：「あ，Aさん。何？」 A：「今日，イオンでお菓子が安いらしいんだけど，一緒に買いにいこう！」 B：「今日はちょっと……」 A：「1人で行くのは心細いし。一緒に選びたいし。お願い」 B：「え～，う～ん，わかった。いいよ」 A：「ありがとう」 ● Bさんは結局，断れずに引き受けてしまいましたね。Bさん，断るのはむずかしかったですか。 　　　⇒B：「はい，本当は断りたかったけど，相手に嫌な思いをさせたくないから引き受けてしまいました」

〈Point！①〉
断るスキルは，むずかしいけれども，必要なスキルであることを伝え，練習する動機づけを高めます。

〈アレンジ①〉
まず最初に，相手の要求に対して，理由も断りの言葉もはっきりと言えずに断れなかった場面を見てもらいます。参加者が日常生活で起こりやすい場面でモデリングを行った方が，理解しやくすく，その後の意見も出やすいでしょう。

セッション11　理由を伝えて断る

● なるほど，でもいつも無理な頼みを引き受けると自分がつらくなりますよね。
　ではBさんはどうすればよかったと思いますか。
　　⇒何人かあてる。

注意

● では，次を見てもらいましょう。場面はさっきと同じです。

アレンジ②

★ 体調が悪いときに，友人に外出しようと誘われて，断る場面
〈その②　ぶっきらぼうタイプ〉

> B：「あ～，なんか頭痛いなぁ……」（体調悪そうにしている）
> A：「なぁ，Bさん」
> B：「あ，Aさん。何？」
> A：「今日，イオンでお菓子が安いらしいんだけど，一緒に買いにいこう！」
> B：「今日は無理なんだ」
> A：「1人で行くのは心細いし。一緒に選びたいし。お願い」
> B：「無理だって言ってるでしょ！」と言ってその場を去る

Point！②

● さて，Bさんはかなり「はっきりと」断っていましたけど，今のは上手に断れていましたか。相手役だったAさんに聞いてみましょう。
　　⇒A：「怒って立ち去ったので，ちょっと冷たいなぁと思って嫌な気持ちになりました」

● そうですね。Bさんは，さっきと違って，はっきりと断ることができました。けれども，相手のAさんは少し気を悪くしてしまっています。相手の気分を悪くしないように断るには，どのように断ればいいでしょう。
　　⇒数名に答えてもらう。

● では，ここでみなさんから出してもらった意見をもとに，「断るスキル」のポイントをまとめてみましょう。

《注意》
意見はすべて板書します。どんな意見であってもすべて取り上げることで，参加者が意見を出しやすくなります。

〈アレンジ②〉
先ほどモデリングを行った場面と同じ設定で，再度モデリングを行います。ここでは，断ることはできているけれども，理由も言わず，相手の気分を害するような断り方で断ってもらいます。
参加者には，この場面を見て，単に断るだけではなく，相手の気持ちに配慮して断ることの大切さを理解してもらいます。

〈Point！②〉
ここで，モデリングの相手役から嫌な気持ちになったというコメントを出してもらうことで，ぶっきらぼうに断ると相手の気分を害してしまうということを再確認します。

中級レベル

II．実 践 編

○ ポイントの紙を貼り出す

〈ポイント〉

Point！③

① 相手の顔を見る
② 相手に聞こえる大きさの声で言う
③ 謝る
④ 理由を言う
⑤ 断りの言葉を言う

〈Point！③〉
ポイントを提示するときには，参加者から出てきた意見を再確認しながら，提示するとよいでしょう。

● 最後にもう一度，この5つのポイントに注意をしながら，Aさんに上手に断ってみてもらいましょう。

アレンジ③

B：「あ〜，なんか頭痛いなぁ……」（体調悪そうにしている）
A：「なぁ，Bさん」
B：「あ，Aさん。何？」
A：「今日，イオンでお菓子が安いらしいんだけど，一緒に買いにいこう！」
B：「今日は無理なんだ」
A：「1人で行くのは心細いし。一緒に選びたいし。お願い」
B：「ごめんね。悪いけど，今日は頭痛くて体調が悪いから，寝ておきたいんだ。だから行くのやめとくよ」
A：「うん，わかった。ゆっくり休んで」

〈アレンジ③〉
先ほどモデリングを行った場面と同じ設定で，再度モデリングを行います。今度は，「理由を言う」と「断りの言葉を言う」の2つのポイントをきちんと押さえて，上手に断る場面をやってみせます。これらのポイントを押さえることで，相手の気分を害することなく断ることができるということを理解してもらいます。

● 今回はどうでしたか。Bさんは「寝ておきたい」とはっきりと断ることができていました。そして，頭が痛いからという理由も伝えられていたので，相手を嫌な気持ちにさせないように「上手に」断ることができていました。

| 行動リハーサル&強化・フィードバック | ● それではいくつかの場面を使って，断る練習をしてみましょう。

手順

アレンジ④

① 場面カードから，自分の練習したい場面を1枚選ぶ
② どの場面でも「断る」ように指示する
③ 参加者は5つのポイントをすべて満たせるように断る
④ ポイントが欠けていた場合，相手役の職員はそのポイントを補えるよう以下のように，応対する。
　　・理由を言うが，はっきりと断りの言葉がなかった場合
　　　→「○○○○だからどうしてほしいのかな？」 | 〈アレンジ④〉
参加者の日常場面で起こりそうな状況を書いたカードを複数準備し，行動リハーサルを行う場面をそれぞれに選んでもらいます。ここで，場面設定を1つにせずに複数用意しているのは，参加者の個々のニーズに対応するためです。日常生活で困難だと思っているシチュエーションがあれば，それを積極的に練習するように促します。 |

	・断りの言葉はあるが，理由がなかった場合 　　→「どうして？」 ※参加者の断り方がすべてのポイントを満たしていれば，そこで相手役は引きさがるようにする。 ※一巡したら，2巡目では新しい場面で同様に練習する。 [場面] ・友達に「電話して朝早く起こして」と頼まれた ・友達から読みかけの漫画を貸してと頼まれた ・食欲のないときに家族からきちんと全部食べるように言われた ・買ってきたお菓子をちょうだいと頼まれた ・昼休みに1人でいたいときに友達がそばに来た
振り返り＆ ホームワーク の説明	○ 全体でセッションの振り返りをする ● 今日は，「理由を伝えて断る」というテーマで，断るときの5つのポイントを練習してみました。みなさんどうでしたか。 　　⇒各グループの職員に練習の様子を報告してもらう。 ○ ホームワークの説明 ● 今週1週間の間に，職員がみんなにあるお願いをしに行くと思います。内容は秘密ですが，断らないとみんなが困るようなお願いだと思います。断らなければいけないお願いだったら，しっかり断ってください。いつ，お願いに行くかはわかりませんので覚悟していてくださいね。 （ホームワークの内容：プリント「早朝マラソンのお知らせ（11－①）」を渡しながら，各参加者を誘う。5つのポイントに留意して上手に断れた場合は，それを強化するフィードバックをする）

Ⅱ. 実 践 編

11－①

平成○○年△月□日

早朝マラソンのお知らせ

　マラソンは持久力をつけたり，健康を保つためにとてもよい運動です。
　今回，体力作りのために早朝のマラソンを企画しました。ふるってご参加ください。

- 日程……△月 □日 朝の6：00～7：00
- 場所……グラウンド10周

※これはSSTの宿題です。
　この誘いを上手に断ることができれば参加しなくてOKです。

★中級レベル（小学生・中学生～）：断るスキル②

セッション 12

代わりの案を伝えて断る

◆ **目的とねらい**：断るスキルの中でも今回は，代わりの案を言って断る練習をします。相手の要望や要求を断る際には，ただ NO の言葉だけを伝えるのではなく，その要求には応えられないけれど代わりにこれならできるといった代替案を伝えることができます。断る行為で相手を拒絶するのではなく，代わりの案を提案することにより，相手との良好な関係を保てるようになることをねらいとします。

◆ **行動項目**
① 相手の顔を見る
② 相手に聞こえる大きさの声で言う
③ 謝る
④ 理由を言う
⑤ 断りの言葉を言う
⑥ 代わりの案を言う

◆ **解　説**：人づきあいの中では，様々な場面で要求やお願いをされることがあります。しかし，それらすべてに YES と言う訳にもいきません。断ることは相手を拒絶することになりますが，上手な断り方を身につけることで相手の感情を害さずに物事をおさめることができます。ポイントは，相手を納得させる代わりの案を提案できるかにあります。日頃から練習をして，いざというときは相手の気持ちを考えて，より納得をえられそうな代わりの案を提案できる力を身につける大切さを伝えたいと思います。

Ⅱ. 実 践 編

内　容	活動内容
導　入	○ 全員がそろってから全体で開始のあいさつとメンバー紹介をする
あいさつ	○ 全体で開始のあいさつ
アクティビティ	○ アイスブレイクのためのミニゲーム
心がけ	○ 心がけ，約束事を確認
教　示 前回の 振り返りと 今日の導入	○ 前回の振り返り ● 前回は断ることの中でも，理由を言って断ることをテーマにしました。勇気をもって断ることで自分が嫌な気持ちにならずにすむことがわかったと思います。 ○ 今日のテーマ「代わりの案を伝えて断る」の導入 ● 今日は引き続き，上手に断る練習をしますが，今回は理由を言って断るだけでなく，代わりの案を言って断る練習をします。断りたい気持ちをはっきり伝えたうえで代わりの案を言うことで，相手が嫌な気持ちにならない上手な断り方をすることが目標です。
モデリング	○ 前回の「理由を伝えて断る」のポイントを確認する　　Point！① ● では，前回学んだ5つのポイントについて復習しましょう。覚えている人はいますか。 　　⇒参加者の発言を促す。自発的な発言がなければ，ヒントを出して数名に答えてもらう。 　　⇒ポイントをホワイトボードに書く。 〈ポイント〉 ① 相手の顔を見る ② 相手に聞こえる大きさの声で言う ③ 謝る ④ 理由を言う ⑤ 断りの言葉を言う ○ 職員がモデルを示す。 ● 今から，ある場面を見てもらいます。登場人物は，AさんとBさんです。今から2人がカラオケに遊びに行ったときの場面をしてもらいます。カラオケをして盛り上がっているときに，終了10分前の電話がかかってきます。延長しようと誘われるBさんは，延

〈Point！①〉
今回は，理由を言って断るだけでなく，代わりの案を伝えますが，それによって，相手の妥協を引き出し，納得してもらいます。お互いが気持ちよく過ごせるようになるためのやり方を学んでもらいましょう。

長してしまうと門限に遅れてしまいます。さぁ，Bさんは A さんの誘いを上手に断ることができるでしょうか。みなさんは，Bさんの立場になったつもりで見てください。

★ 友達から家の門限の時間を過ぎても遊ぼうと誘われる場面
（カラオケで歌っている場面で）

　　　　　　　　　　　　　　　　　　　　アレンジ①

> A ：「Bさん，もう時間になったけど，30分延長する？」
> B ：「いや，そろそろ帰らないと門限に遅れそうだから，もう帰ろうよ」
> A ：「え～，まだもうちょっと歌いたいし。せっかく盛り上がってきているのに，ほんと空気よめないな」
> B ：「でも延長すると門限に間に合わないから」
> A ：「少しくらい遅れたっていいよ。謝れば大丈夫。延長しよう」
> B ：「この前も遅れてしまって怒られたし……」
> A ：「私が代わりに謝るから，ね，いいでしょ！」
> B ：「え～，でも～」

〈アレンジ①〉
Aさんは「門限に遅れる」という理由を伝えていますが，それでも引き下がってくれません。アレンジする際もそのように設定してください。

● Bさんは断りたいようですが，断りきれずに困っている感じでしたね。もしここできちんと断らなければ，Bさんはどんなことに困ると思いますか。
　　⇒例：門限に遅れて親に叱られる
　　　　　これから外出させてもらえなくなる
　　　　　今後も別のことで誘われても断れなくなる

● このように，もしも断れなくて了解してしまったら，叱られる，ペナルティを受けるなど，嫌な経験をしてしまいます。でも，頼まれた相手が仲のよい子であればあるほど，断るのがむずかしくなりますね。そこで，今日は断るスキルの6つめのポイントとして，相手も自分も納得できるような「代わりの案を言う」をテーマにしていきたいと思います（6つめのポイントをホワイトボードに追加で書く）。
● 先ほどの場面は「Bさんの立場で見てください」と言いましたが，みなさんがBさんだったら，どのような代わりの案を提案して断りますか。
　　⇒参加者数名に聞く。　　　　　　　　　　Point !　②

〈Point !　②〉
相手を納得させる代わりの案を多く思いつくことができれば，それだけ断りやすくなります。

中級レベル

セッション 12　代わりの案を伝えて断る

111

Ⅱ. 実 践 編

● みなさんから出た意見も参考にしながら，今からもう一度，AさんとBさんに先ほどの場面をやってもらいましょう。特に今日注目してもらいたいポイントは，この「代わりの案を言う」ということなので，Bさんがどのようにして代わりの案を言うかをしっかりと聞いておいてください。

★ 友達から家の門限の時間を過ぎても遊ぼうと誘われる場面
（カラオケで歌っている場面で）

アレンジ②

> A：「Bさん，もう時間になったけど，30分延長する？」
> B：「いや，そろそろ帰らないと門限に遅れそうだから，もう帰ろうよ」
> A：「え〜，まだもうちょっと歌いたいし。せっかく盛り上がってきているのに，ほんと空気よめないな」
> B：「でも延長すると門限に間に合わないから」
> A：「少しくらい遅れたっていいよ。謝れば大丈夫。延長しよう」
> B：「だったら帰り道で歌おう」
> A：「そんなの，つまらない。ここで歌うから面白いんだよ」
> B：「ごめん，延長したいけど，時間だし私はやめておく。今度の日曜日にまた来て今日歌えなかった分も歌おうよ。その方が気兼ねなく歌えるし気持ちいいよ」
> B：「そうだね。それだと長く歌えるし，そうしようか」

〈アレンジ②〉
代わりの案を1つ言っても受け入れてもらえず，もう1つの案を提案する場面設定をします。

● Bさんはどのような代わりの案を言っていましたか。
　　⇒参加者数名に聞く。

● このように，「代わりの案」を一度提案して受け入れられなくても，2つめの「代わりの案」を工夫して言うことで，相手のことを気遣いながら断ることができます。今日は特に「代わりの案」を工夫しながら練習をしてみましょう。

| 行動リハーサル&強化・フィードバック | ○ 少人数グループに分かれる
● それでは，グループに分かれて実際に「代わりの案を伝えて断る」練習をしてもらいます。練習する場面はいくつか用意しています。それぞれのグループで，手順に従って練習をしてみましょう。

手順
① いくつかの場面から自分の練習したい場面を選ぶ | Point！③ |

〈Point！③〉
代わりの案を伝えるときには，相手が許容できる事柄になっているかどうかやその伝え方の表現にも気をつけなくてはなりません。

	② 理由や代わりの案を参加者に自分で考えさせる ③ 参加者は6つのポイントをすべて満たせるように断る ④ 相手役は職員がする。納得できる代替案が出てくれば了解する ⑤ 職員はよかったところ，足りないところについてフィードバックをする ※一巡したら，2巡目では新しい場面で練習をする。 場面 ・体調が悪いときに一緒に出かけようと誘われた ・お気に入りの漫画を貸してほしいと言われた ・食べたいおかしがあるので買ってきてほしいと頼まれた ・家の門限に遅れそうなときに，もう少し遊ぼうと誘われた ・家族に呼ばれたが，用事があっていけない
振り返り& ホームワーク の説明	○ 全体でセッションの振り返り ● 今日は「代わりの案を言おう」というテーマで練習をしました。自分が断らないと困った状況になる場合には，しっかりと断ることが大切です。 ● また，そのようなときには，お互いが納得できるような代わりの案を工夫して言うことが必要だと思います。これから，お互いが気持ちよく過ごせるような断り方をできればよいですね。 ○ ホームワークの説明 ● まず，みなさんにプリントを配ります。　　アレンジ③ （⇒プリント「代わりの案コレクション」(12－①) を配布） ● 今回は，職員にインタビューをして代わりの案をコレクションしてもらいます。プリントにはある場面が書かれています。その下に1番から3番まで枠がありますので，1番に自分ならどんな代わりの案を言うかを書いてください。そして2番3番には職員2人にどんな代わりの案があるか，聞いて書いてもらってください。3番まで記入できたら，プリントを提出してコメントをもらってください。

中級レベル

〈アレンジ③〉
今回のホームワークの場面設定は，三角関係を取りあげています。代わりの案としては仲直りするための話し合いの場をつくる，不満があればそれを伝える，愚痴を聞くなどがあげられますが，参加者の年齢によっては代わりの場面にしてください。

Ⅱ. 実践編

12 – ①

名前：＿＿＿＿＿＿＿＿＿＿＿＿＿＿＿＿

★☆ 代わりの案コレクション ☆★

今回のSSTでは，断るときに「代わりの案」を工夫して伝えることを練習しました。
そこで宿題では，職員に質問をして，代わりの案を集めてもらうことにします。

① 下に書いているような状況で，あなたならどんな「代わりの案」を言って断りますか。
　　1番の欄に記入しましょう。
② 職員2名に，どんな「代わりの案」を言って断るかインタビューしてみましょう。
③ 職員に下の表に記入してもらってください。
④ 3番まで記入ができたら，プリントを出してコメントをもらってください。

【場面】
あなたはAさん，Bさんと3人でよく一緒に行動しています。しかしある日，AさんとBさんがケンカをしてしまいました。Aさんは，「Bさんがむかつくから無視しよう」と誘ってきました。
あなたにとってAさんもBさんも大事な友達なので，Aさんとの関係を悪くせずに，Bさんを無視することは断りたいと思っています。
あなたは言いました。「ごめん。私はBさんのこと無視したくないわ。○○○」

● 「○○○」に入る代わりの案を考えてください

	代わりの案	職員サイン
1		
2		
3		

コメント	サイン欄

114

★中級レベル（小学生・中学生〜）：断るスキル③

セッション **13**

初めて会う人に断る（外出編）

◆ **目的とねらい**：セッション11，12では上手に断る練習をしました。断る相手は友人や知り合いでしたが，今回は初めて会う人に対して上手に断ることができるように練習をします。そのため，実際に外へ出て誰からお願いされるかわからない状況を作ります。より実践的なトレーニングとなるでしょう。生活の中では，キャッチセールスのように初めて会う人からお願いをされたり，依頼をされることで，断れずに不利益を受けることがあります。そういった場面で適切に断ることができれば，無用な損失を被ったり，嫌な思いをすることがなくなります。

◆ **行動項目**
① 相手の顔を見る
② 相手に聞こえる大きさの声で言う
③ 謝る
④ 理由を言う
⑤ 断りの言葉を言う
⑥ 代わりの案を言う

◆ **解　説**：初めて会う人に対して，はっきりと言葉に出して意志を伝えることは誰にとっても簡単なことではありません。相手がどんな人かわからないので断りにくい面と関係性がないので断りやすい面との両方があります。初対面の人と接するのに慣れていないと，いざというときに上手くふるまえない可能性があります。段階的に依頼する際の状況や内容を変えていき，少しずつ難易度の高いものにステップアップすることで実際の生活場面でも上手に断ることができます。繰り返し実践し，初めて会う人に接することに慣れておくことが大切です。

Ⅱ．実践編

内　容	活動内容
導　入	○ 全員がそろってから全体で開始のあいさつとメンバー紹介をする
あいさつ	○ 全体で開始のあいさつ
教　示 今日の導入	○ 今日のテーマ「初めて会う人に断る（外出編）」の導入 ● ここまでの2回で「上手に断る」をテーマとして，みなさんしっかりと練習をしてくれました。 ● さて今回はこれまで練習してきたことを，外の場面で実際に使う練習をします。これからみなさんには，グループに分かれて，○○駅近辺に行ってもらいます。 ● まずはグループ分けをします。2つのグループを作りますので，グループごとに分かれて集まってください。
行動リハーサル＆強化・フィードバック	○ グループで担当を決める ● それでは今日してもらうことを説明します。みなさんにはそれぞれ1人1つのミッションをクリアしてもらいます。今から引く指令書に場所が書いてあります。その場所でミッションは行われます。 　⇒指令書（場所だけ記入している）を引き，担当場所を決める 　　　　　　　　　　　　　　　　　アレンジ ○ グループでリハーサルを行う ● これからはグループに分かれて練習をします（以下内容）。 　1．ミッションの説明（それぞれの場所で，ダンススクール，アンケート，ゲーム機の無料体験についての勧誘をされること，誰がどれに誘われるかはわからない） 　2．断らないとなぜ困るのかを話し合う 　3．行動項目の確認をする 　　（特に今日はポイントの①，②，④，⑤を中心に） 　4．具体的にどう言ったらよいかをみんなで考える 　5．時間があれば行動リハーサルをする ● 実践するときには，これまで練習したポイントを忘れないでください。ポイントができているかどうかは職員がその場でチェックします。また，ミッションをクリアできたら職員が指令書にシールを貼ります。すべてのミッションが終われば，ごほうびがあります。

※ 外出編のときは，時間の関係上，アクティビティはしなくて構いません。

〈アレンジ〉
1回のセッションに90分とれない場合は，この部分に1セッション（50分）使い，次のセッションで外に出る方法があります。

セッション 13　初めて会う人に断る（外出編）

★　ミッション内容

* 職員は，グループについてまわる職員と，特定の場所で待機する職員とに分かれる。そして，後者の職員が通りかかった参加者に話しかけて勧誘を行う。職員は以下のように，①で話しかけ，参加者が断っても2回（②・③）粘って勧誘をする。

* グループについてまわる職員は強化とフィードバックを行う。上手に断れたら指令書にシールを貼る。

* 参加者が断れず OK をしてしまった場合は，付き添い勧誘役の職員は「では，一緒について来てください」と伝える。そこで職員が介入。どう断ればいいか考え，最初からもう一度行う。

* 勧誘する場所と内容は以下の通り。

〈ミッション1（電気店前）：ダンススクール〉
　①「今月からこの近くでダンススクールを始めたのですが，あなたも入りませんか」
　②「あなたならいいダンサーになれると思いますよ。もったいないな～。近くなので今から見に来てくださいよ」
　③「今なら1か月のレッスン料が無料になるサービスをしています。とりあえず1か月やってみて，もしやめたいと思ったらやめてもらってもいいですよ」

〈ミッション2（スーパー）：アンケート〉
　①「ちょっといいですか。今いくつかの質問や住所，電話番号を書いてもらうだけの簡単なアンケートをしているのですが，少しだけ協力してもらえませんか」
　②「いくつか質問に答えてもらうだけなので，5分で終わります。ちゃんと警察の許可をもらっているので，怪しい者ではないですよ」
　③「今ならアンケートに答えてくれた方に映画の無料チケットをプレゼントしているのですが，どうですか」

〈ミッション3（コーヒーショップ前）：ゲーム機の無料体験〉
　①「すみません。今この近くでニンテンドー3DSの無料体験をやっているのですが，やってみませんか」
　②「今，体験してもらった人には，特別にまだ発売されていないソフトの体験版をプレゼントしています。もちろん，今までの

〈Point！①〉
勧誘をする職員は，学生ボランティア，実習生，なじみのない先生など，できるだけ参加者と顔見知りでない人物を選びます。

〈Point！②〉
話しかける際に，案内の紙を用意します。「映画についてのアンケート（13－①）」のサンプルを1つ載せています。しつこく誘われるという状況をつくることがポイントです。

〈Point！③〉
キャッチセールスなので，今回はポイントの③，⑥はしなくてよいです。立ち止まらずに全部を無視する方法が有効ですが，練習なので多少のやりとりはしてもらいます。

中級レベル

Ⅱ．実践編

	DSでも使えるソフトです」 ③「あと，まだ3DSを持っていないという方には，特別価格で買っていただけるようになっています。とてもお得ですよ」 〈ミッション4（○○駅前）：絵画の販売〉 ①「こんにちは。近くでこういった絵の展示をしているのですが，少し見ていかれませんか」 ②「今はちょうどポストカードのプレゼントをしている期間です」 ③「見るだけでポストカードがもらえるのでどうですか」
フィールドワーク	○ グループで移動し，各ポイントでミッションを行う 　回る順番は， 　　A班：電気店前 ⇒○○駅前 ⇒コーヒーショップ前 ⇒スーパー 　　B班：スーパー ⇒コーヒーショップ前 ⇒○○駅前 ⇒電気店前
振り返り	○ 全員そろってから全体のまとめ，修了式をする　**Point！④** ● （帰ってきたグループは）実際にやってみて上手くできたこと，難しかったことを振り返って，グループの中で意見を交換してください。 ● （全員そろったら）各グループの様子を教えてください。 　　⇒各グループについていた職員が全体に伝える。　**Point！⑤** ● ここ3回で「上手に断ろう」というテーマでSSTをしました。みなさんとてもがんばって楽しく参加してくれました。今から1人ひとりに修了証をさしあげます。 　　⇒1人ずつに修了証を渡す。

〈Point！④〉
外出編のときには，ちょっとしたご褒美を用意することがあります。たとえば，ジュースやお菓子，ちょっとしたプレゼントを用意する，ミッション終了後にそのままファーストフード店でジュースを飲むなどです。

〈Point！⑤〉
あわせて，キャッチセールスの手口やクーリング・オフのことを伝えることもできます。

13 – ①

映画についてのアンケート

質問1：映画を月にどれくらい見ますか？
　a）月に1回以下
　b）月に2～5回
　c）それ以上

質問2：映画を見ようと決める基準は？　一番重視するものを選択してください。
　a）ストーリー
　b）ジャンル
　c）出演者またはスタッフ
　d）予告を見て
　e）その他

質問3：どのような映画が「いい映画！」と思われますか？　一番重視するものを選択してください。
　a）ストーリー
　b）出演者またはスタッフ
　c）構成・雰囲気
　d）メッセージ性
　e）共感できるかどうか
　f）美術や小道具
　g）その他

アンケートに回答いただいた方には，後日映画の無料チケットをさしあげます！
以下に必要事項をご記入ください。

お名前：	男性　・　女性	年齢：　　歳
住所：〒		
電話番号：	メールアドレス：	

★上級レベル（中学生・高校生〜）：怒りや抑うつとつきあうスキル①

セッション 14

自分の気持ちについて考える

◆ **目的とねらい**：自分の気持ちを言葉で表現できるようになることのメリットを知り、いろいろな気持ちを表す言葉に親しめるようにします。また、人それぞれ気持ちの表現の仕方には違いがあり、他人の気持ちを考えてみること、他人の気持ちを理解するむずかしさを知って一方的に解釈してはいけないと気づけるようになることを目指します。

◆ **行動項目**

> ① たくさんの気持ちを表す言葉を知る
> ② 気持ちには大きさがあることを知る
> ③ 同じ表情でも人によって気持ちは異なることを知る
> ④ 状況から人の気持ちを理解する

◆ **解　説**：参加者の中には、物や人にあたったり泣いたりする等の行動だけで気持ちを表現する参加者もいますし、心の中にはいろいろな気持ちをもちつつほとんど何も表現しようとしない参加者もいます。そもそも心の中の気持ちに気づくこと自体がむずかしい参加者もいます。まずは、気持ちは大事なもので、気持ちを話すことには「自分らしさ」を大切にするというメリットがあるのだということを説明することが大切です。

　このセッションは、気持ちを表す言葉に慣れ親しんでもらうことを中心に構成しています。あまりかたくるしくならないように、拒否感を最初に植えつけないようにゲーム感覚で行えるものを取り上げています。参加者の雰囲気をみて楽しく取り組めそうであれば、ジェスチャーゲームやすごろく風のゲーム等を取り入れてもよいでしょう。いろいろアレンジしてください。

セッション 14　自分の気持ちについて考える

内　容	活動内容
導　入	○ 全員がそろってから全体で開始のあいさつとメンバー紹介をする
あいさつ	○ 全体で開始のあいさつ
アクティビティ	○ アイスブレイクのためのミニゲーム
心がけ	○ 心がけ，約束事を確認　　アレンジ① 　① 人の意見を尊重しよう 　② 真剣に取り組もう 　③ 積極的に参加しよう 　④ 自分でいろいろと工夫してみよう
教　示 今日の導入	○ 今日のテーマ「自分の気持ちについて考える」の導入 ● 今日から「気持ちと上手につきあうスキル」をテーマにします。人それぞれ，同じ場所にいても，同じ状況にあっても，「気持ち」や「考え」は異なってきます。それが自分らしさともいえます。自分の「気持ち」や「考え」と上手につきあうと，自分らしい表現や行動ができるようになります。自分だけでなく，周りの人が困っていると，相手の自分らしさを大切にしながら助けてあげられるようになります。 ● 今日は，特に「気持ち」について考えていきたいと思います。みんなは，毎日いろいろな「気持ち」を感じています。「気持ち」を話すのが上手な人もいれば，苦手な人もいます。「うれしい」とか「怒っている」という言葉だけしか言えない人もいますし，たくさんの気持ちを上手に伝えることができる人もいます。SSTでは，今よりももっとたくさんのいろいろな気持ちについて言葉で話せるようになることを大切にしていきたいと思っています。 ● みんなが抱えている「気持ち」は，大きなカバンの中に荷物をたくさんいれているようなものです。日々感じている様々なたくさんの「気持ち」に気づかないでいると，いつまでも重たいカバンをもっているのと同じです。ですが，たくさんのいろいろな自分の気持ちに気づいて，言葉で話すようになると，荷物が1つずつ減って軽くなっていくのです。荷物が軽くなると楽になるでしょう？　身軽にすいすいと動けます。みんなも，今よりもたくさん自分の気持ちに気づき，言葉で話していくことで，より身軽にすいすいのびのびと自分らしく自分の道を歩くことができるようになります。

〈アレンジ①〉
内面を扱うセッションですので，約束事を今までとは変更しています。
参加者の様子をみてふさわしい約束事を考えてください。

上級レベル

	● しかし，実際は，「気持ち」を話しましょうと言われても，なかなかむずかしいものです。今の気持ちはなんて言ったらいいんだろうとわからなくなるものです。ですから，今日は，「気持ち」を言葉で表す練習をしていきたいと思います。「気持ち」を表す言葉と仲良くなってください。では，はじめていきましょう。
「気持ち」の アクティビティ	○ 気持ちを表現する言葉に親しむアクティビティを行う ● では，「気持ち」と言ってきましたが，「気持ち」にはどのようなものがあるでしょうか。様々ある気持ちを，それぞれひとことで表してみましょう。 　　⇒職員，参加者数人をあてる。 1．気持ちを表す言葉リレー　**Point !** ● それでは，2グループに分かれて，3分間にできるだけたくさんの気持ちを書いてください。多く書いたチームが勝ちです。順番にリレーをしながら，書いてください。できるだけ多く書いてください。同じものを書いてはいけません。 　　⇒3分計り，競争する。気持ちをいくつ書いたかで勝負する。 2．表情を絵に描いてみよう　**アレンジ②** ● それでは，少し落ち着いて，次のゲームにいきましょう。 　　（⇒プリント「いろいろな気持ちの顔（14－①）」を配布） ● 気持ちを絵にしてみましょう。正解，不正解はありません。こんな気持ちのときどんな顔をしているだろうと，表情を考えて描いてみてください（5分間）。 ● できあがったら，まわりの人と見比べてください。それぞれ表現の仕方が違うと思います。みなさん，自分が書いた中からこれと思うものを1つ選んで，表情を黒板に書きにきてください。気持ちは書かなくてよいです（3分間）。 　　⇒みんなで描いたものを見比べてみる。 　　⇒それぞれに何の表情を書いたのか言ってもらう。 ● 同じ気持ち1つをとってみても，それぞれ表現の仕方が違いますね。正解，不正解はありません。人からみると，伝わりやすいも

〈Point !〉
むずかしそうというイメージをもたれないよう，楽しい雰囲気をつくる工夫をしましょう。

〈アレンジ②〉
グループ活動ができるならば，グループに分かれてお互いに相談し，みんなに披露する絵を決めることができます。

	のもありますし,伝わりにくいものもあります。 ぶすっとした顔をしていたら,「怒っている」場合もあれば,「困っている」場合もあります。相手に嫌なことを言っても「にこにこ顔」だから平気なんだと思うかもしれませんが,人によっては「にこにこ顔」で怒っている人もいます。他人の気持ちに気づくのはなかなかむずかしいときがあります。
モデリング	○ ストーリーのある場面を見せ,その人物がどのような気持ちになっているのかを考えさせる。 ● では,今からある場面を見てもらいます。主人公はAさんです。Aさんがどんな気持ちになっているのか考えてみてください。Aさんは,作文のコンクールに自分の書いた作品を応募していました。今,その結果を待っているところです。 ★ 作文コンクールに落選して落ち込む場面 > B:(Aに電話をかける)ピポパ。 > A:「はい,Aです」 > B:「××作文コンクールの○○です。Aさんのお電話でよろしいでしょうか。以前,応募していただいた作品の結果ですが,落選となりました」 > A:「あっ,そうですか。わかりました」(ガチャンと電話を切る) > 「あ～,一生懸命書いたのに,落ちてしまうなんて。私ってダメなやつ」(泣く) > (とぼとぼ歩いていると友達に会う) > 友達:「あっ,A。どうしたの。元気ないように見えるけど」 > A:「あっ,○○くん,聞いて～」(泣きだす) > 友達:「どうしたの」(おろおろする) ● Aさんは,「いい気持ち」だったでしょうか。「嫌な気持ち」だったでしょうか。 　⇒参加者は挙手する。
認知リハーサル&強化・フィードバック	● 「嫌な気持ち」にもいろいろあります。悲しくて泣きたい気持ちと,腹がたってイライラする気持ちは違いますよね。 (⇒プリント「気持ちについて考えよう(14－②)」を配布) ● この気持ちのリストを見て,どんな気持ちだったかを考えてみてください。そしてAさんによくあてはまるだろうと思うものを書

上級レベル

Ⅱ. 実 践 編

	いてみてください。その理由も一番下の欄に書いてください（3分間）。 ⇒1人ずつ発表する。 **注意** ● ではAさんに聞いてみましょう。Aさんの気持ちはどうでしたか。 > A：涙が出たときは悲しい気持ちだったと思います。 > それと，落ち込みもあったかな。 > 断られたときはがっかりした気持ちもあったと思います。 ● Aさん，かなしい気持ち，落ち込みとがっかりした気持ちもあったようです。最初から気持ちをあてるのは結構むずかしいですが，練習していくとどんどんうまくなります。
振り返り	○ 全体でセッションの振り返りをする ● 今回は，気持ちを言葉にする練習をしました。日常生活でも，友達とトラブルになったり，一生懸命やったのにうまくいかなかったり，わけもなく悲しい気持ちになることはあると思います。それでイライラして腹が立つ場合もあると思います。 自分の気持ちにたくさん気づいて，言葉にすること，そうすれば，もやもやした重荷が軽くなり，解放されます。 ぜひ，人や物にあたったり，気持ちを隠して何事もないようにふるまうのではなく，日常生活でも気持ちを言葉にしてください。

《注意》
正解，不正解はないのでどの答えも認めてください。あきらかに不適切であっても，後でAさんに聞いてみようという言葉でまとめます。

セッション 14　自分の気持ちについて考える

14 − ①

名前：＿＿＿＿＿＿＿＿＿＿＿＿＿＿＿＿＿＿

いろいろな気持ちの顔

気持ちは表情にあらわれます。気持ちを絵にしてみましょう。

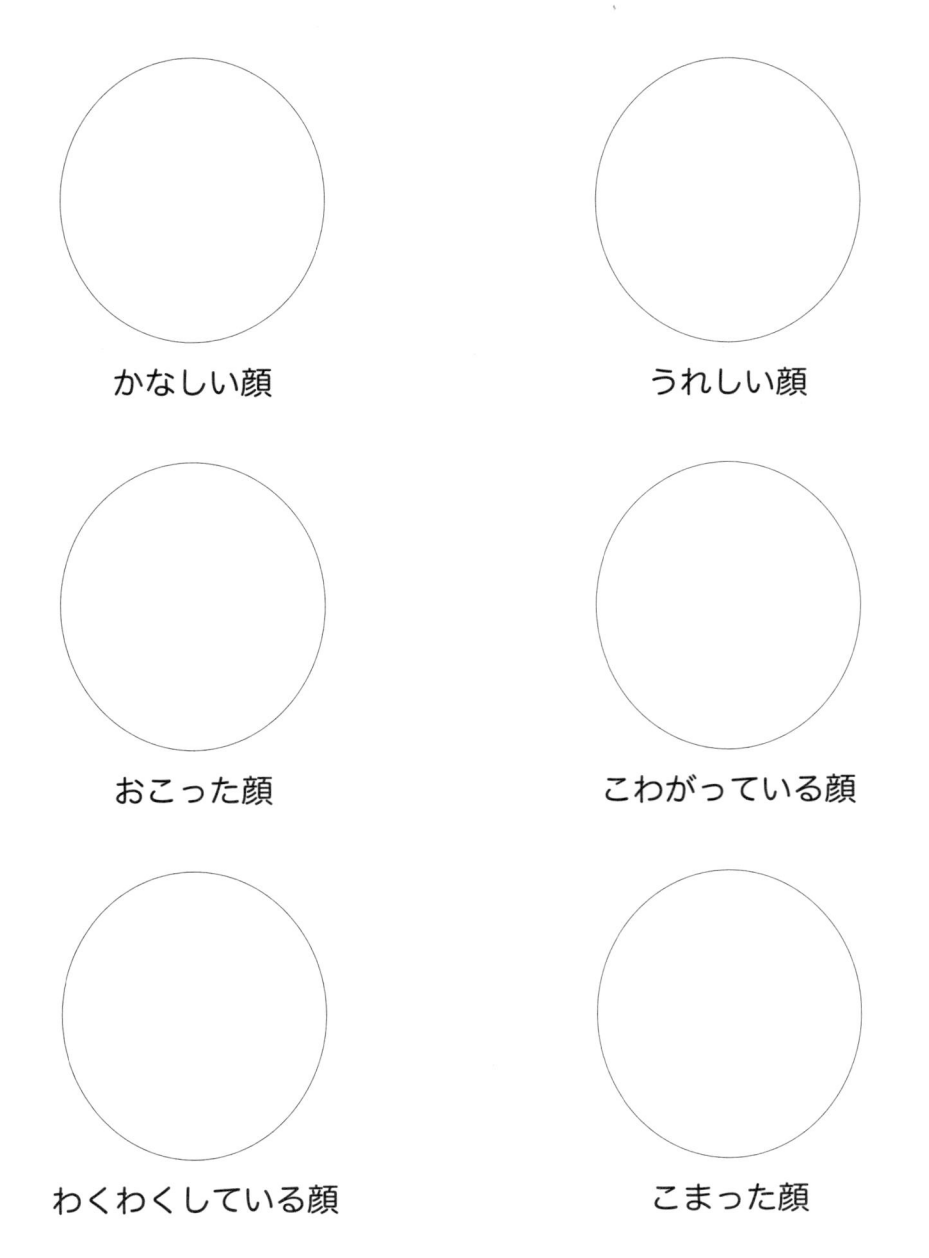

かなしい顔　　　　　　　　　うれしい顔

おこった顔　　　　　　　　　こわがっている顔

わくわくしている顔　　　　　こまった顔

上級レベル

14 - ②

名前：＿＿＿＿＿＿＿＿＿＿＿＿＿

気持ちについて考えよう

いやな気持ち

かなしい	がっかり	ふまん	しんぱい
こまった	おちこみ	ふあん	こわい
いらいら	おびえる	いかり	はずかしい

いい気持ち

うれしい	しあわせ	うきうき	ホッとした
わくわく	たのしい	かんしゃ	きもちいい
まんぞく	ほこらしい		

Q：Aさんの気持ちを考えてみましょう。どんな気持ちだったと思いますか。あてはまると思う気持ちを全部書いてください。

Q：どうしてそう思いましたか。

★上級レベル（中学生・高校生～）：怒りや抑うつとつきあうスキル②

セッション
15

自分の思考について考える

◆ **目的とねらい**：ポジティブな思考・ネガティブな思考の違いを知り，同じ出来事であっても状況をどのように捉え，どのように考えるかの違いで，感情，行動，結果が変わることに気づき，起こった出来事をいろいろな視点で考えることにはメリットがあると実感できるようにします。

◆ **行動項目**

> ① ポジティブな思考・ネガティブな思考の違いを知る
> ② 考え方によって気持ちや行動，結果が変わることを知る

◆ **解　説**：このセッションでは，1つの考え方にこだわるのではなく，いろいろな視点で物事を捉えることのメリットを知ってもらうことを大切にしています。
　　まずは，ポジティブな思考，ネガティブな思考の違いを説明しています。大きな違いは，自分や周囲の人のことを大切にできているか，できるだけ認知の誤りなく物事を捉えられるかがポイントになります。
　　その次に，同じ出来事であっても，ポジティブな思考をした場合の気持ち，行動，結果，逆に，ネガティブな思考をした場合の気持ち，行動，結果を参加者が考え，ワーク等に取り組みながら，思考の違いが結果の違いにつながると実感できるように促していきます。ネガティブ思考だけになれば損かもしれないと参加者が思えるようになればよいでしょう。
　　職員は，特にネガティブ思考の場合は自分の考えだけが正しいと思いこんで行動するのではなく，大人など他者の意見を聞く等のワンクッションを置き，いろいろな視点で考えられるよう意識することや思考を変えることにはメリットがあると強調します。

II. 実 践 編

内　容	活動内容
導　入	○ 全員がそろってから全体で開始のあいさつとメンバー紹介をする
あいさつ	○ 全体で開始のあいさつ
アクティビティ	○ アイスブレイクのためのミニゲーム
心がけ	○ 心がけ，約束事を確認 　① 人の意見を尊重しよう 　② 真剣に取り組もう 　③ 積極的に参加しよう 　④ 自分でいろいろと工夫してみよう
教　示 前 回 の 振り返りと 今日の導入	○ 前回の振り返り ● まずは，前回の「気持ち」のお話の振り返りをしましょう。「気持ち」には「怒っている」「うれしい」だけでなく，いろいろな気持ちがあることを学びました。 　そして，いろいろな気持ちに気づいて言葉にすると，抱えていた大きな重い荷物が軽くなり，自分らしく歩きやすくなるのだということを覚えておいてください。 ○ 今日のテーマ「自分の思考について考える」の導入 ● 今日は，「自分の思考について考える」をテーマにやっていきたいと思います。 ●「よい気持ちになる考え（ポジティブな考え）」は，みんなが前向きで，積極的に考えられていることをいいます。今，自分のしていることを考えるのはもちろん，その行動をしたらどうなるかというように先のことまで考えられています。自分やまわりの人を大切にするにはどうすればいいかということが考えられています。 ●「嫌な気持ちになる考え（ネガティブな考え）」は，その逆で，状況をきちんと確認しないままにこうにちがいないと思いこんだり，物事を否定的にあるいは悪いように考えたりしていることをいいます。今，自分のしていること，先のことをありのままに考えられていないということです。そして，自分やまわりの人を大切にするにはどうすればいいかも考えられていません。 ● 重要なことは，自分がどんな考えをしているのかを知ることです。日頃「よい気持ちになる考え」をしていますか，それとも「嫌な気持ちになる考え」をすることが多いですか。考えによって行動が決まります。考えを変えれば，行動も変わります。

Point！① （「重要なことは…」の項目に対応）

〈Point！①〉
考えを変えると行動が変わることを強調しておきましょう。

セッション15　自分の思考について考える

「気持ち」のアクティビティ アレンジ①	● まずは，気持ちについてもう少し掘り下げていきましょう。気持ちには「大きさ」があります。同じ気持ちでも，その時々で，感じる強さは異なります。 　たとえば，食堂で好きなメニューがでたとき，もし，とてもお腹がすいていれば「すっごくうれしい」と感じるかもしれません。逆に，好きなメニューであっても，あまりお腹がすいていないとか，前日の夕食と同じものがでてきたら，「まあまあうれしい」くらいかもしれません。 　同じ気持ちでも，状況によって「大きさ」は異なります。気持ちの強さを「温度計」を使って表してみます。 　（⇒プリント「気持ちの温度計（15－①）」を配布） ● 温度計の温度は，気持ちの強さを表しています。さきほどの例を気持ちの温度計にあてはめると，食堂で好きなメニューがでたとき，同じ「うれしい」という感情でも，「90度（すっごくうれしい！）」と感じる人もいれば，「10度（ちょっとだけうれしい！）」くらいしか感じない人もいます。では，みんなの気持ちを温度計で表してみましょう。 　　⇒プリントに各自記入する（3分間）。 　　⇒参加者に発表してもらう。
ワーク①	○ ストーリーのある場面を見せ，その人物がどのような気持ちになっているのか考える。 ● では，今から2つの場面を見てもらいます。 　1つめは，友達Bと友達Cの2人が話をしているのをAさんがみかけた場面です。どのように展開していくでしょうか。Aさんの気持ちを考え，どのような結果になったのかよく見ておいてください。 ★ Aさんが友達2人が話をしているのを見かけた場面　アレンジ② 　A：友達Bと友達Cが話をしているところを見かける。 　友達B，友達C：Aに気づき手をふる。 　A：スキップをして近づき，友達2人に話しかける。 　A：「（にっこり笑って）ねえねえ，何の話をしているの？」 　友達B：「○○（好きな芸能人）の話をしていたの」 　A：「私もその人のこと好き」 　友達C：「いいよねえ，食堂で少し話をしていかない？」 　A：「いこう，いこう」

〈アレンジ①〉
「自分の思考について考える」ワークにつながるアクティビティではありませんが，前回の「気持ちを考える」セッションのおさらいの意味もあり導入しています。他のアクティビティでもよいです。

〈アレンジ②〉
参加者に身近な話題をもとにつくっています。ぜひ日頃のエピソードをとりいれてつくってみてください。

上級レベル

Ⅱ. 実 践 編

● もう1つ見てもらいましょう。今度はBさんです。場面は同じで友達2人で話をしているのを見かけたときです。さてBさんはどう思って、どのような行動をしたのでしょう。よく見ておいてください。

★ Bさんが友達2人（CとD）で話をしているのを見かけた場面

> B：（友達Cと友達Dが話をしているところを見かける）
> 友達Cと友達D：（Bに気づき手をふる）
> B：（怒った顔をして、無視してどこかへいってしまう）
> 友達Cと友達D：（不機嫌な顔をして）「Bの態度、なんか嫌な感じだねえ」

● 同じ場面なのに、Aさん、Bさんの行動は全然違いましたね。Aさんは、話の輪に加わり、Bさんは、仲良くするのをやめて無視して去ってしまいました。何が違ったのでしょうか。
　⇒参加者に質問する。

● 友達2人のことをどのように考え、どんな気持ちになったのでしょう。インタビューしてみます。

Point ! ②

> A：「楽しそうだなと考えました。そしたら興味がわいて、友達の輪に加わり、食堂で楽しい時間を過ごせました」

> B：「自分の悪口を言っているのかもしれない。僕は嫌われているに違いないと考えました。そしたらイライラして、無視をしてしまいました。結局、友達に嫌な印象を与えてしまいました」

● 楽しい気持ちになったとき、その前に楽しい考えをしていました。嫌な気持ちになったとき、その前に嫌な考えをしていました。
つまりどういう風に考えるかで、楽しい気持ちになったり嫌な気持ちになったりします。
同じ出来事でも、考えが違うと気持ちが違って、行動も変わり、結果も違ってきます。

〈Point ! ②〉
AさんとBさんの行動・態度の違いが、考えや気持ちの違いにあったことをAさん役、Bさん役の職員に考えや気持ちを語らせることで気づいてもらいます。

セッション 15　自分の思考について考える

ワーク②	○　プリントワーク 　　（⇒プリント「違う考えをしたらどうなるだろう（15−②）」を配布） ●　「テストの点数が悪かった」，「友達がこちらを向いて笑っている」の２つの場面それぞれについて，グループに分かれて，プラスの考えになったときの気持ち，行動，結果，マイナスの考えになったときの気持ち，行動，結果について考えてください。 　　⇒終了後に各グループ，それぞれ発表する。　**アレンジ③**
振り返り	○　全体でセッションの振り返りをする ●　今回は，嫌な気持ちになる考えについて考えました。同じ状況でもプラスに考えるか，マイナスに考えるかで，気持ちや行動，結果が異なってきます。日常生活でも，いろいろな考えについて考えてみることをぜひ取り組んでください。そうすれば，結果が変わってきます。

〈アレンジ③〉
参加者に身近な内容を取り上げると関心が高まり，日常生活への般化も期待できます。ぜひアレンジしてください。

上級レベル

II. 実践編

15 - ①

名前：＿＿＿＿＿＿＿＿＿＿＿＿

気持ちの温度計

あなたの気持ちを「温度計」で表してみましょう。

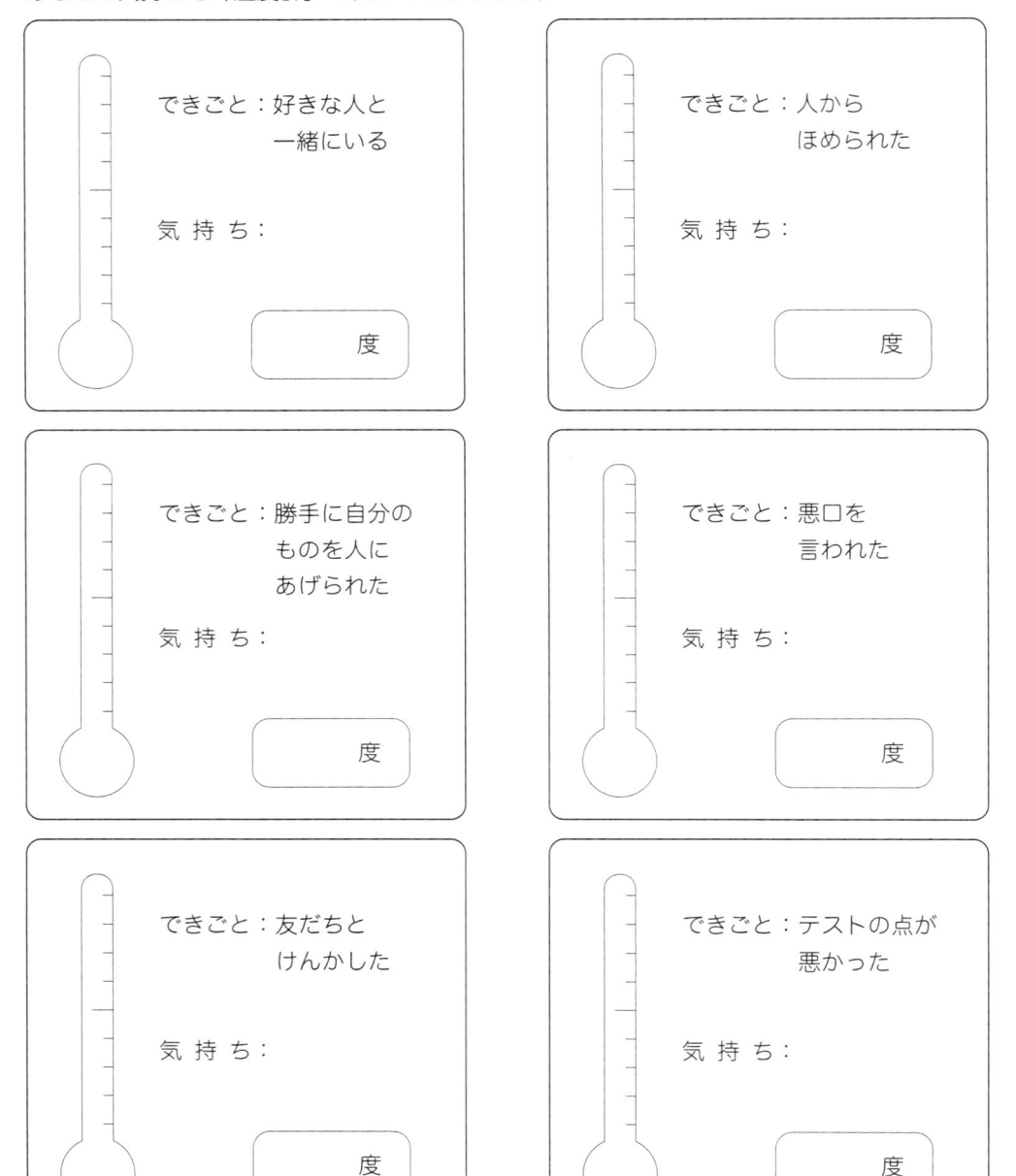

できごと：好きな人と
　　　　　一緒にいる

気持ち：

［　　　度］

できごと：人から
　　　　　ほめられた

気持ち：

［　　　度］

できごと：勝手に自分の
　　　　　ものを人に
　　　　　あげられた

気持ち：

［　　　度］

できごと：悪口を
　　　　　言われた

気持ち：

［　　　度］

できごと：友だちと
　　　　　けんかした

気持ち：

［　　　度］

できごと：テストの点が
　　　　　悪かった

気持ち：

［　　　度］

セッション 15　自分の思考について考える

15−②

名前：＿＿＿＿＿＿＿＿＿＿＿＿＿＿＿

違う考えをしたらどうなるだろう

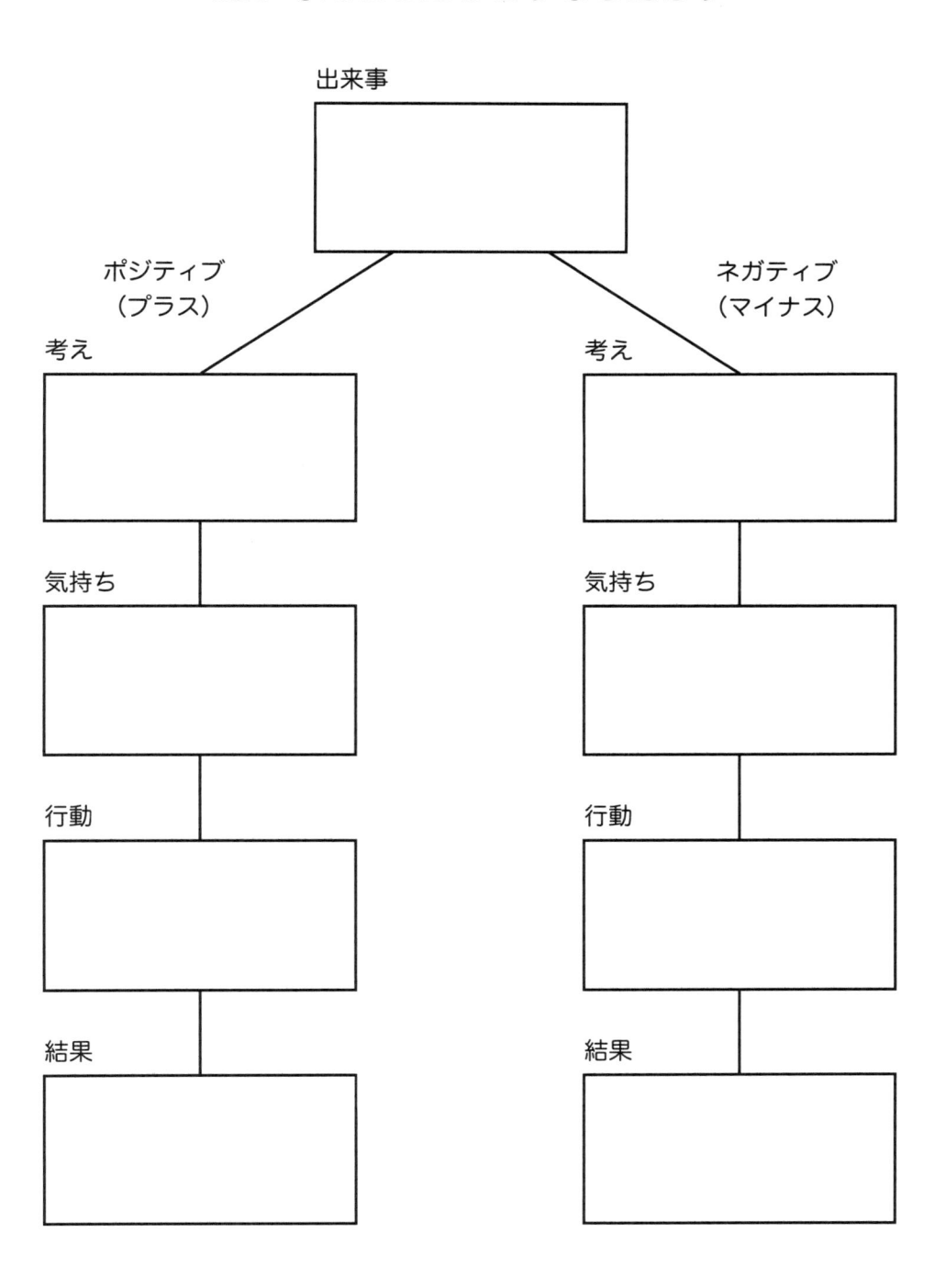

```
           出来事
          ┌──────┐
          │      │
          └──────┘
         ╱        ╲
ポジティブ          ネガティブ
（プラス）          （マイナス）
```

考え　　　　　　　　　　　考え
┌──────┐　　　　　　　┌──────┐
│   │　　　　　　　│   │
└──────┘　　　　　　　└──────┘

気持ち　　　　　　　　　　気持ち
┌──────┐　　　　　　　┌──────┐
│   │　　　　　　　│   │
└──────┘　　　　　　　└──────┘

行動　　　　　　　　　　　行動
┌──────┐　　　　　　　┌──────┐
│   │　　　　　　　│   │
└──────┘　　　　　　　└──────┘

結果　　　　　　　　　　　結果
┌──────┐　　　　　　　┌──────┐
│   │　　　　　　　│   │
└──────┘　　　　　　　└──────┘

上級レベル

★上級レベル（中学生・高校生〜）：怒りや抑うつとつきあうスキル③

セッション 16

新しい思考を取り入れる

◆ **目的とねらい**：怒りや抑うつとつきあうスキルの中でも今回は，違う思考を取り入れる練習をします。セッション 14，15 で「気持ち」の前に「思考」があり，「思考」のあり方によってその後の「気持ち」が変わることを学びました。今回はそれらを踏まえて，イライラしたり落ち込んだりしたときに違う思考を取り入れることでそれらの気持ちを小さくできるようになることを目指します。

◆ **行動項目**

> ① どんな考えが嫌な気持ちを生じさせているかを知る
> ② 嫌な気持ちを生じさせている考えの例外を探す
> ③ 嫌な気持ちを小さくする新たな考えを取り入れる
> ④ これらを実行して嫌な気持ちを小さくする

◆ **解　説**：気持ちの種類や大きさは，出来事や状況の捉え方に影響を受けます。つまり，同じ出来事でも考え方や見方が異なれば，出てくる気持ちの種類も程度も異なってきます。怒りや抑うつといったネガティブな気持ちを軽減する方法の1つとして，今回は新しい思考を取り入れる練習をします。ただし，このスキルは出来事や状況を新たな視点で見る必要がありますので，一定の冷静さが要求されます。怒りや抑うつなどネガティブな気持ちが大きいときほど余裕がなくなり視野も狭まります。リラクセーション（セッション 17 参照）などのコントロール法と併せて用いるとより効果的でしょう。

セッション 16　新しい思考を取り入れる

内　容	活動内容
導　入	○ 全員がそろってから全体で開始のあいさつとメンバー紹介をする
あいさつ	○ 全体で開始のあいさつ
アクティビティ	○ アイスブレイクのためのミニゲーム
心がけ	○ 心がけ，約束事を確認
教　示 前回の 振り返りと 今日の導入	○ 前回までの振り返り ● 前回，前々回で，気持ちにはいろいろなものがあることを知りました。また，何か出来事があったときの受け止め方や考え方によって結果も変わってくるということを学びましたね。 ○ 今日のテーマ「新しい思考を取り入れる」の導入 ● 今回は嫌な気持ちになる「考え」への対処法について学びましょう。嫌な気持ちになったとき，それを小さくするにはどんな方法があるでしょうか。
モデリング ワーク①	○ 嫌な気持ちになる考え方を見つける ● 今からある場面を見てもらいます。場面はAさんが，貸していた漫画をBさんに返してもらおうとする場面です。みなさんはAさんに注目してください。 ★　貸した漫画を返してもらえず怒る場面　　【アレンジ】 A：「やぁ，Bさん。この間，貸した漫画のことだけど」 B：「あー，あの漫画，面白いよね」 A：「今日返してくれる約束だったよね」 B：「えーと，実は今日は持ってきてないんだ……それより昨日のサッカーの試合見た？（誤魔化す）」 A：（今日持ってきてないってどうしたんだろう。返さないつもりかなぁ……）「えー。今日返してくれるって言ってたじゃないか！」 （⇒プリント「嫌な気持ちになる考えを見つけよう（16－①）」配布） ● このプリントを見てください。ここにある図は今の場面を「出来事」，「考え」，「気持ち」，に分けて整理したものです。それでは「考え」の部分を書いてみましょう。 　　⇒実施後，数人に発表してもらう。

〈アレンジ〉
モデリングの題材となる場面は参加者に身近なものや馴染のあるものがよいでしょう。

上級レベル

Ⅱ. 実 践 編

● そうですね。「返さないつもりかなぁ」という考えが怒りの気持ちを生じさせていますね。

○ 嫌な気持ちを軽くする「考え」を見つける Point！①

● では次に，嫌な気持ちの怒りが小さくなるような考え方がないか探してみましょう。まずは先ほどの場面の続きで，漫画を返してもらえなかったAさんは，そのことをCさんに相談します。

★ 友達に相談する場面

> A：「Cさん相談があるんだけど」
> C：「なになに？」
> A：「Bさんが漫画を返してくれなくて困っているんだ。きっと返さないつもりなんだよ！」
> C：「そうかなぁ。Bさんはいつもは約束を守るし。何か理由があるのかもよ。ただ忘れているだけかもしれないし」
> A：「うーん……そういえば前に貸したゲームはちゃんと返してくれていたなー。何か事情があるのかもしれないね。聞いてみるよ。ありがとう」

● AさんはCさんに相談して気持ちはどうなりましたか。また，それはなぜですか。
　　⇒数人に発表してもらう。
　　⇒Aさんに聞く。
　　　A：「何か理由があるのではないかと言われて，前はきちんと返してくれたことを思い出しました。返さないつもりというのは自分の思い込みだと考えると怒りもおさまりました」

● AさんはBさんに対し「貸したものを返さない」と考えて怒っていました。しかし，その考えに対する例外，つまり貸したものを返してくれたエピソードを思い出したことで，怒りを生じさせていた考えが誤りだと気づき，気持ちも落ち着きました。

● 次にもう1つ別の場面を見てみましょう。Aさんはクラブの野球の練習でミスをしてしまいます。

〈Point！①〉
2つめのモデリングでは行動目標「②嫌な気持ちを生じさせている考えの例外を探す」に焦点をあてます。

	★ クラブの野球の練習でミスをする場面　**Point！②**	〈Point！②〉 3つめのモデリングでは行動目標「③嫌な気持ちを小さくする新たな考えを取り入れる」に焦点をあてます。
	A：「あっ！　また守備でエラーして失敗してしまった……」 B：「何やってんだ。こないだ注意したばかりだろ。どうして気をつけないんだ」 A：「すみません……」 　　「またミスした……自分は何をやっても駄目。あーあ，どうせ自分なんかなんの取り柄もないんだ……」 C：「ドンマイ。ドンマイ。Aさんは守備は苦手だけど，打つ方は得意なんだからさ。元気出しなよ」 A：「何やっても駄目な気になってたけど，野球は好きだし自信あるんだ。そう思うと楽になったよ。ありがとう」	
	● Aさんの気持ちはどう変わりましたか。それはどうしてでしょう。 　⇒数人に発表してもらう。 　⇒Aさんに聞く。 　　A：「自分は何をやっても駄目だと落ち込んでたけど，打つのは得意と聞いて自信を取り戻すことができました」	
	● AさんはCさんの言葉で新しい考えを見つけ，嫌な気持ちが小さくなりました。	
行動リハーサル&強化・フィードバック	○ ペアで行動リハーサル　**Point！③** （⇒プリント「新しい考え方を取り入れるヒント（16－②）」配布）	〈Point！③〉 「新しい考え方を取り入れるヒント」は佐藤正二ら『学校でできる認知行動療法 子どもの抑うつ予防プログラム』を参考に作っています。
	● それでは，今から2人1組のペアになってください。そして，どちらかが相談する人の役割になり，もう一方が相談される人の役割になってください。相談する人は3つの場面のうち1つを選んで，そのことについて相談をしてください。それを聞いて，相談される人は「こういった考え方もできるよ」と，嫌な気持ちが小さくなる考えをアドバイスしてください。 　⇒（場面）① 自分のせいで試合に負けた 　　　　　　② テストで悪い点をとった 　　　　　　③ 友達に声をかけたのに返事がなかった	
	● アドバイスのときには，プリントの「新しい考え方を取り入れるヒント」を参考にしてもらうこともできます。できるだけ多くのアドバイスをしてあげてください。	

上級レベル

Ⅱ. 実 践 編

	● 終わったら相談する人とされる人の役割を交替してください。相談をすることで嫌な気持ちを小さくする考えを見つけましょう。 ● 最後に２人で感想を話し合ってください。 　⇒行動リハーサル開始。 Point！④ ● （終了後）どうでしたか。嫌な気持ちを小さくする新たな考えは見つかりましたか。今回は実際に相談して新たな考えを探しましたが，実際に相談しなくても，「相談したら何て言ってもらえるかな」「もし同じ悩みで相談を受けたら何てアドバイスするかな」と想像することでも新たな考えを見つけることができます。
振り返り	○ 全体でセッションの振り返りをする ● 今日は，嫌な気持ちを小さくする方法として「新しい思考を取り入れる」練習をしました。嫌な気持ちを小さくするには，考えの例外を探したり，自分を励ます新しい考えを取り入れたりする方法がありましたね。「考え」が変われば「気持ち」も変わります。これからの生活の中で実践してください。

〈Point！④〉
今回は実際に人との会話を通して新しい考えを見つけていますが，「新しい考え方を取り入れるヒント」を使うことで自分１人でも見つけられることを理解してもらいます。

セッション16　新しい思考を取り入れる

16 - ①

名前：＿＿＿＿＿＿＿＿＿＿＿＿＿＿＿

嫌な気持ちになる考えを見つけよう

　AさんはBさんから，かしていたマンガを返してもらうはずでした。しかしBさんは「今日は持ってきていない」と言い，AさんはBさんとのやり取りの中で下のように考えて腹ただしくなりました。

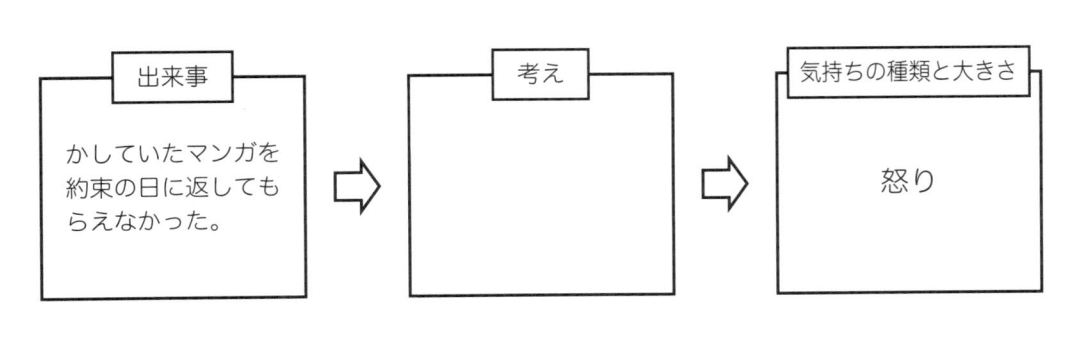

（吹き出し）今日持ってきてないってどうしたんだろう？　返さないつもりかなぁ！？

Aさん
怒り

上級レベル

出来事		考え		気持ちの種類と大きさ
かしていたマンガを約束の日に返してもらえなかった。	⇒		⇒	怒り

質問：「考え」の部分を埋めてみましょう

名前：＿＿＿＿＿＿＿＿＿＿＿＿＿＿

新しい考え方を取り入れるヒント

① 自分の思ったことを一度，確認しよう（それって本当？）
　⇒（たとえば）思いこみかもしれないなぁ……

② 前向きな考え方をしてみよう
　⇒（たとえば）次があるさ！！

③ 友達や先生に相談したらなんて言ってくれるかな
　⇒（たとえば）「くよくよしても仕方ない」って言いそう

④ 思っているよりもたいしたことはないかもしれない

⑤ 今からがんばればいいんだ

⑥ いつもできないわけじゃない

⑦ ○○はできなくても□□は得意なんだ

⑧ これが自分のすべてではない

⑨ 失敗は成功のもと

⑩ うまくいかないのは自分だけではないはず

★上級レベル（中学生・高校生〜）：怒りや抑うつとつきあうスキル④

セッション
17

怒りや抑うつに対処する

◆ **目的とねらい**：今回のねらいは大きく3つあります。1つめにイライラや気分の落ち込みに気づきやすくなること，2つめにそうなったときの自分なりの対処法を確認すること，3つめにリラクセーションを通して，気持ちが落ち着く体感をしてもらうことです。

◆ **行動項目**

> ① どんな場面でイライラしたり気分が落ち込みやすいかを知っている
> ② 気分の変化に自分で気づく
> ③ イライラしたとき，気分が落ち込んだときの対処法をいくつか知っている
> ④ その対処法を実行できる

◆ **解　説**：リラクセーションについて

　　　　リラクセーションには様々な方法があります。今回は最後に漸進的筋弛緩法という手法の簡易版を用いています。この方法はジェイコブソンという人がリラックスをするために考え出しました。いくつかの部位の筋肉を緊張させ，次に弛緩させることを繰り返します。実際にやってみると，リラックスするために一度力を入れるという行為が役に立つことがわかります。また，筋肉の緊張と弛緩の違いに注意を向けることがとても大切なので，参加者にこの点を意識するよう促してください。

　　　　なお，導入で取り入れていますが，リラックスするのには呼吸が大切です。とても基礎的なことですが，まずは腹式呼吸の練習から入ると，あとの行動リハーサルがスムーズに進むでしょう。

Ⅱ．実 践 編

内　容	活動内容
導　入	○ 全員がそろってから全体で開始のあいさつとメンバー紹介をする
あいさつ	○ 全体で開始のあいさつ
アクティビティ	○ アイスブレイクのためのミニゲーム
心がけ	○ 心がけ，約束事を確認
教　示 前 回 の 振り返りと 今日の導入	○ 前回の振り返り ● ここまででは自分の気持ちと上手につきあうことをテーマにしています。これまで自分の気持ちや，嫌な気持ちになる考え方について考えたり，それを小さくする方法を練習しました。 ○ 今日のテーマ「怒りや抑うつに対処する」の導入 ● 今日はイライラした気持ちや気分の落ち込みに対処するスキルについて学んでいきます。イライラしたり，元気がなくなることは誰でもあります。これから先，学校や職場などでいろいろな人と接することがありますし，いろいろな出来事があります。たとえば，イライラであれば，人を困らせたり，後々自分が困る行動をしてしまうことがあります。そのため，今日は，自分に合う対処方法を見つけていきましょう。また，実際に心と身体をリラックスする方法も練習してもらおうと思います。
モデリング	○ 気持ちの変化に気づく　　　　　　　　　　　　　Point！① ● では最初に，自分がイライラしたとき，落ちこんだときにそれにどうやって気づくかについて考えていきたいと思います。今からAさんと，Bさんに自分の作ったものをバカにされた場面をしてもらいます。AさんがバカにされるA役なのですが，みなさんはAさんに特に注目してください。 ★ 友達に自分の作ったものをバカにされる場面　アレンジ① A：「おはよう。Bさん」 B：「おはようAさん。今日提出の課題は作ってきた？」 A：「もちろん。見て見て，これだよ。 　　　自分ではうまく作れていると思うんだけど」 B：「うわー，これはダサいなー。 　　　がんばってこれってAさんセンスないな～（笑）」 A：「でも，そこまで言わなくてもいいと思うけど」 B：「いやいや，これはかっこわるいよ（笑）」 A：「・・・・・・」

〈Point！①〉
感情をコントロールするためには，まずは自分がそういった状態であることに気づくことから始まります。見過ごされがちですが，この点は重要です。

〈アレンジ①〉
今回は取り上げていませんが，どんな場面で自分がイライラし，落ち込みやすいかを考えるワークを入れることがあります。

セッション 17　怒りや抑うつに対処する

- ここでＡさんの気持ちを考えてみましょう。こういったとき，みなさんならどんな気分になりますか。

    ⇒何人かに聞いてみる。

    注意①

- そうですね。笑われてイライラする人もいれば，がんばって作ったのをバカにされて落ちこむ人もいると思います。嫌な気持ちを解消するためには，まずは自分がイライラしていること，落ちこんでいることに気づくことが大切です。気づかないと，解消方法を実行することもできません。では，私たちがイライラしたり，落ちこんだりしたときに，からだや気持ちにはどのような変化があるでしょうか。みなさんの場合はどうですか。

    ⇒数名に発表してもらう。

    Point！②

○ ⇒プリント配布「イライラしたとき，落ちこんだときの手がかり（17−①）」

- ここにあるように，からだ，考え，気持ちはいろいろと変化します。これらはその例です。では，この中で自分によくあてはまっていると思うものに○をしてください。これらの変化を手がかりに，自分の状態について気づいてください。

○ 対処法について考える

- では次にどうやってその嫌な気持ちを解消するかについて考えていきましょう。これから，先ほどの場面をもう一度してもらいますが，今度は続きがあります。Ａさんはバカにされてイライラしてしまいます。さて，その後はどうなるでしょうか。Ａさんに注目してください。

★ 友達に自分の作ったものをバカにされる場面（続き）

> Ａ：「おはよう。Ｂさん」
> Ｂ：「おはようＡさん。今日提出の課題は作ってきた？」
> Ａ：「もちろん。見て見て，これだよ。
> 　　自分ではうまく作れていると思うんだけど」
> Ｂ：「うわー，これはダサいなー。
> 　　がんばってこれってＡさんセンスないな〜（笑）」
> Ａ：「でも，そこまで言わなくてもいいと思うけど」
> Ｂ：「いやいや，これはかっこわるいよ（笑）
> 　　じゃあバイバイ〜（立ち去る）」
> Ａ：「なにあの言い方，腹立つー。このっ！！」（近くのいすを蹴る）

《注意①》
同じ場面でも反応は人それぞれであることを知ってもらいたいです。そのため，イライラ，落ちこみの両方が出てくればよいですが，一方だけの場合は，Ａさん役の人にどんな気持ちになったかを質問して，もう一方を答えてもらいましょう。

〈Point！②〉
からだ・考え・気持ちの３つに分けていますが，どの部分がより変化をキャッチしやすいかは個人差があります。また，子どもの抑うつ気分はイライラで表現されることもあるので，両者をはっきりと区別することは難しいです。

上級レベル

Ⅱ. 実 践 編

	● Aさんはイライラを抑えることができず，物にあたってしまいました。物にあたっては器物破損になることもありますし，人に暴力をふるうことも当然よくありません。 では，みなさんはこういうときはどうして解消していますか？ 　⇒数名に発表してもらう。 アレンジ② ○ ⇒プリント配布「イライラや気分の落ち込みの解消法（17 － ②）」 ● ここに書いているものは，いくつかの解消法です。解消法は人によって違いますので，自分に合ったものを見つけることが大切です。プリントにない方法もたくさんあります。それでは，この中で自分に合ったもの，これなら実行できそうだなと思うものに○をしてください。 ● それではみなさんそれぞれの解消法を教えてください。こうしたらうまくいったということがあればそれも紹介してください。 　⇒数名に発表してもらう。 ● このようにいろいろな方法がありますが，今回はこのうちリラクセーションについてみんなで練習をしましょう。	〈アレンジ②〉 時間に余裕がある場合は，このセッションを2回するなどしてもう少し丁寧に行います。たとえば，①自分が今やっている方法を書き出してもらう，②プリントを見る，③自分に合っている方法をいくつか選ぶ，④選んだ方法の行動リハーサルをするという流れがあります。
行動リハーサル＆強化・フィードバック	○ リラクセーション練習 ● これから，実際に心とからだをリラックスする練習をしたいと思います。リラクセーションをはじめる前に，自分の脈拍がどれくらいの速さか測ってみましょう。 手の平を上にして，親指の下から指3本分くらい下の場所に，反対の手の3本の指をあてて軽く握ってください。今から15秒数えますので，自分の脈拍が何回か数えてください。 　⇒数名に発表してもらう。 ● では次にゆっくり息をする腹式呼吸の練習をします。腹式呼吸はお腹を使って呼吸をします。息を吸うときに鼻からゆっくりとお腹がふくらむように吸ってください。そして今度は口を小さくあけて，その空気をゆっくり静かに吐いてください。すると今度はお腹がへこんできます。お腹を意識してゆっくり大きく呼吸をしてみましょう。	

セッション17　怒りや抑うつに対処する

Point!③	● それではリラックスする体験をします。まずはみなさん好きな体勢になってください。イスに座っても，地面に座っても，寝っころがってもよいです。自分がリラックスできる体勢になりましょう。 　　⇒別紙，「リラクセーション「あなたの特別の部屋」17－③」を読む	〈Point!③〉 エリザベス・ソリンの「あなたの特別の部屋」を少しだけアレンジした手続きです（所収：山田冨美雄 2010 ストレスマネジメント教育介入概説 鍼灸 OSAKA, 26, pp 37-44）。最後の動作は消去動作と言います。体に力を入れ，頭をはっきりさせるために行います。リラクセーションの最後には必ずしましょう。
注意②	● では次のリラクセーションをためしてみましょう。次は2人組になってもらいます。誰でもよいのでペアになってください。 では練習しましょう。今回の方法は，わざと体に力を入れて，一気に力を抜くやり方です。いくつかの手順がありますが，今から配るプリントに書いてあります。1人の人が書かれている内容を読み，もう1人が実践してみてください。終われば役割を交代しましょう。 （⇒別紙，「漸進的筋弛緩法17－④」の手順が書かれたプリントも配布）	《注意②》 もともとの方法は16か所の筋肉を動かしますが，ここでは簡略版として7か所を動かします。
	● では最後に自分の脈拍が変わっているか測ってみましょう。今から15秒数えますので，自分の脈拍が何回か数えてください。どうでしょうか。リラックスして脈拍がゆっくりになっているでしょうか。今日は最初なので変わらない人もいると思いますが，練習をしてみて，よりリラックスできるようになれたらよいですね。 　　⇒参加者に感想を尋ね，全体で共有する。	
振り返り	○ セッションの振り返りをする ● 今日は，イライラした気持ちや気分の落ち込みに対処するスキルについて学んでいきました。練習したことは，これから使えますので，忘れずに実践してみてください。解消方法は，人によって違うので，自分に合うものをどんどん見つけては増やしてください。	

上級レベル

Ⅱ．実践編

17－①

名前：＿＿＿＿＿＿＿＿＿＿＿＿＿＿＿＿

イライラしたとき，落ちこんだときの手がかり

A．からだの変化

- 体中があつくなる
- 呼吸や心臓がはやくなる
- 顔が赤くなる
- こぶしを強くにぎる
- 手にあせをかく
- 疲れやすくなる
- 頭やお腹が痛くなる
- 眠れなくなる
- 食欲がなくなる　　　　　　　　　　など

B．考えの変化

- 「どうして思いどおりにならないんだ」と思う
- 「自分ばっかり……」と考える
- 「いい加減にしろよ」「ふざけんなよ」と思う
- 「自分のことが嫌いなんだ」と考える
- 「自分なんて何の価値もないんだ」と考える
- 何回も同じことを考える　　　　　　　など

C．気持ちの変化

- がまんできないほどイライラする
- かなしい気分になる
- モヤモヤした気持ちになる
- 傷ついたり，ショックを受ける
- 何かしないと気がすまない，いてもたってもいられなくなる
- 何も考えられない　　　　　　　　　　など

セッション17　怒りや抑うつに対処する

17-②

イライラや気分の落ち込みの解消法

A．すぐにできること
- 目をつぶる（見ない）
- イヤホンで音楽をきく（聞かない）
- その場からはなれる（見ない・聞かない）
- 自分が落ちつく言葉をつぶやく
- ゆっくりと数を数える

B．気分てんかんをする
- ゆっくり大きく呼吸をする
- 顔を洗う
- 飲み物を飲む，何か食べる
- 外に出て風にあたる
- ぬいぐるみをだきしめる
- 楽しいことをする
- ゆっくりおふろにつかる
- マッサージをする
- 体を動かす運動をする
- 好きな音楽をきく
- 嫌な気持ちをだれかに聞いてもらう
- リラクセーション

C．問題自体に取り組む
- 自分の気持ちを伝える
- 相手の立場になって考える
- 問題は何か，ゴールが何かを考える
- 取り組みやすい，かんたんなものからはじめる
- 解決策をたくさん考え，どの解決策を実行するか選び，それを実行する
- 他の人の考えを聞いたり，力をかりる

上級レベル

Ⅱ．実践編

17－③

リラクセーション「あなたの特別の部屋」

気楽に，おちついて，そして静かにしましょう。静かに眼を閉じてください。
片手を強く握って，ゲンコツを作ってください。腕や手がどれくらい固いかに注意してください。
はい，手を開いて，力を抜いてみましょう。
腕や手が柔らかく，そして重たく感じますね。
はい，もう片方の手でゲンコツを作って，さっきよりも強く握ってみましょう。
腕や手の固さを感じましょう。
はい，手を開いていいですよ。
こんどは両手が柔らかく，そして重たく感じますね。
次は顔について考えてみましょう。困ったときのように，おでこにしわを作ってみましょう。
はい，力を抜いて，おでこのしわをとりましょう。
次は上の歯と下の歯を強く合わせ，怒ったときのように思いきり強く嚙んでみましょう。
はい，力を抜いて。今度は顔全体の力を抜いてリラックスします。穏やかな気分ですね。
今度は両肩を，耳につく位まであげましょう。肩が固いですね。
両肩が固くなっていることを感じてください。
ゆっくり肩を下げて，リラックスしましょう。違った感じがしますね。
次はお腹です。お腹に力を入れましょう。太鼓のように強くお腹を張りましょう。
はい，力を抜いて，リラックス。
静かにゆっくりと息を吸うと，お腹が動くのがわかりますね。
はい，身体全体がリラックスして，重く感じますね。腕も，足も，顔も，そしてお腹も。
息を吐くと，より身体が重く益々重く感じますね。
リラックスしようとしてはいけません。リラックスできるようになりますから。
息を吐くときはいつも，身体が重く，重く，感じるようになります。
はい，いまあなたは特別な場所にいると想像しましょう。
そこはとってもあなたが好きな場所で，安全で，そしてとても美しいところです。
それは，実際にある場所でもいいし，あなたの空想の世界でもいいですよ。
田舎の海辺か公園のような所かもしれません。ひょっとしたら素敵な部屋の中かも知れません。
あなたのとても好きな人か，素敵な動物がいっしょかもしれません。
どんなところでもいいですから，あなたの選んだ好きな場所のことをしばらく考えてみましょう。
……（15秒無言）
あなたはとても楽しい一時を過ごしています。
しばらくそこにいましょう。
……（1分間無言）
この特別な場所には，いつだって望みさえすれば戻って来れます。
そこはあなたの場所なのです。そしてそこはいつも安全です。
その部屋に帰ってきたら，あなたは幸せを感じ，そして楽しい気分になります。
さあ，朝にするような伸びをしましょう。手を上にあげて背伸びをしましょう。次に手足をぶらぶらさせましょう。

（出典：山田冨美雄 2010「ストレスマネジメント教育介入概説」を一部改変）

17－④

漸進的筋弛緩法
（ぜんしんてききんしかんほう）

これからリラクセーションの練習をします。イスにすわって①〜⑦の順番にしていってください。

①　手

| 腕をさげたまま，両手をギューっとにぎります（5秒間）。 | 手をゆっくりひろげて，力をぬきます（10秒間）。 |

②　腕

| 手をにぎり，腕を曲げてギューっと力をいれます（5秒間）。 | ゆっくり力をぬいて，うでを下ろします（10秒間）。 |

③　背中

| もう1度，腕を曲げ，腕をグーっと外にひろげます（5秒間）。 | ゆっくり力をぬいて，うでを下ろします（10秒間）。 |

④　顔

| 口や目に力をいれて顔をギューっとすぼめます（5秒間）。 | ゆっくり力をぬいて，ポカーンとします（10秒間）。 |

⑤　足

| 両足を前にのばし，グーっと力をいれます（5秒間）。 | ゆっくり力をぬいて，ストンと足をおろします（10秒間）。 |

⑥　肩

| 両肩を耳のほうにグーっともち上げます（5秒間）。 | ゆっくり力をぬいて，ストンと肩を下ろします（10秒間）。 |

⑦　全身

| ①〜⑥までの全部にギューっと力をいれます（5秒間）。 | ゆっくり力をぬいて全身をダラーンとします（10秒間）。 |

上級レベル

ポイント！
力をいれたときと，力をぬいたときのちがいを感じましょう

★上級レベル（中学生・高校生〜）：怒りや抑うつとつきあうスキル⑤

セッション 18

自尊心を高める

◆ **目的とねらい**：セッション前半では，自分のよいところを見つけるために，自分で考えたり他者から教えてもらうワークをします。後半では，参考となるプリントを配布したうえで，日々の生活で実際に使えるように，プリントで認知リハーサルをします。時間に余裕があり，2回分のセッションを行える場合は，前半と後半でそれぞれ1セッション使い，丁寧に練習していきます。

◆ **行動項目**

> ① 自分のよいところを知る
> ② 自分をはげます言葉がけをする

◆ **解　説：自尊心について**

自尊心をどう捉えるかについて，ローゼンバーグという研究者は，
①自分はとてもよいと感じていること（very good）
②自分はこのままでもよいと感じていること（good enough）
の2つの側面があると言っています。

つまり，自分にはよいところがあり，またマイナス面があってもこのままで大丈夫だという感覚が大事なのでしょう。そのため，セッションでもこの2つに焦点をあてて構成しています。

セッション 18　自尊心を高める

内　容	活動内容
導　入	○ 全員がそろってから全体で開始のあいさつとメンバー紹介をする
あいさつ	○ 全体で開始のあいさつ
アクティビティ	○ アイスブレイクのためのミニゲーム
心がけ	○ 心がけ，約束事を確認
教　示 今日の導入	○ 今日のテーマ「自尊心を高める」の導入 ● ここ何回かで「気持ちと上手につきあうスキル」を身につけることを目標にしてきました。今日はその最終回として「自尊心を高める」ことをテーマにします。自尊心とは，私たちが自分のことをどのくらいポジティブにみているか，どれくらい価値があると思っているかのことです。 ● 自尊心は自信にも関係するので，行動するエネルギーのもとにもなります。反対に自尊心が低いと，傷つきやすかったり，イライラしやすかったりします。
モデリング	● 今からみなさんにある場面を見てもらいます。場面は，体育の授業でバスケットボールのゲームに負けてしまったところです。みなさんはAさんに注目してください。　　　アレンジ① ★ 体育の授業でバスケットボールのゲームに負けてしまった場面 A：「Bさん，試合負けてしまったね。もうちょっとで勝てそうだったのに」 B：「Aさんがあそこでシュートをはずしたからね」 A：「あ，ゴメン。みんなの足をひっぱってしまったよね。せっかくよい雰囲気だったのに，台無しにしてしまって」 B：「ほんとにそう。Aさんっていつも大切なところで失敗をするよね。もういいよ。一緒にいたらイライラしてきた。もう知らない」（立ち去る） A：（うつむいて）「ごめん……」 ● Aさんは今どんな気持ちになっていますか。 　⇒参加者に聞く。 ● そうですね。失敗したこと，友達に嫌われたことで落ち込んでいます。こういうことは誰にでも，そして何度もあります。テスト

〈アレンジ①〉
場面設定は，何かに失敗した場面，悪口を言われた場面など，自分の価値を下げられるような落ち込んだ場面を取り上げます。

上級レベル

Ⅱ．実践編

	で悪い点をとったとき，友達にバカにされたとき，何かに失敗したとき，先生に怒られたとき，傷ついたときなどいろいろです。こういったことがあると，自分はダメだと思ってしまい，自分を大切に思う自尊心が下がってしまいます。
	● ではこういうときにはどうすれば自尊心が低くならないでやり過ごすことができるでしょうか。ひとつは前々回に練習したように，違う考え方をしてみるという方法があります。 そして今回はもう少し違った練習をしてみたいと思います。具体的には，①自分のよいところを見つける，②自分をはげます言葉がけをするの2つにチャレンジしてみましょう。
ワーク①	○ 自分のよいところを見つける（その1）
	● それではまずは自分にはどんなよいところがあるかについて，自分で考えて見つけていきましょう。 （⇒プリント「自分のよいところを見つけよう（18－①）」を配布） **Point！ ①**
	● この紙には，自分の得意なこと，自分の好きなところなどを書く欄があるので，今から考えて記入をしていってください。自分の思っていること，考えていることでかまいません。どんな小さいことでもよいです。
ワーク②	○ 自分のよいところを見つける（その2） **Point！ ②**
	● では次に，自分にどんなよいところがあるかについて，他の人の意見を聞いてみましょう。 （⇒プリント「自分のよいところを他の人から教えてもらおう（18－②）」を配布）
	● このプリントは今一緒にSSTを受けている人たちに自分のよいところを書いてもらうためのものです。まずはそれぞれ自分の名前を書いてください。そうしたら次にプリントを左隣りの人に渡してください。プリントをもらった人は名前が書いてあるその人のよいと思うところを書いてください。書き終わったらそれをまた左隣りの人に渡して，順々に書いて一周します。約束してほしいことは，長所，得意なことなど必ずその人のよいところを書くということです。 ⇒参加者全員（職員含む）が回して記入する。

〈Point！ ①〉
ここでは自発的にはあまり出てこないこともありますが，自分の良いところに注目して考えてもらうきっかけになります。

〈Point！ ②〉
職員も輪の中に入り，自分のプリントを回します。参加者へのコメントも書きましょう。このワークは参加者に好評で大切なワークになっています。

セッション 18　自尊心を高める

	● それを見てどんな感想をもったでしょうか。 　　⇒何人かに感想を聞く。 ● 自分のよいところは自分では気づかない面もあると思うので，みんなが書いてくれたことを参考にして，自分の中に取り入れてください。
認知リハーサル＆強化・フィードバック	〖アレンジ②〗 ○ 自分はこのままでもよいと思える練習 ● 次にするのは，悪口を言われたりや落ち込んだときに，自分をはげます言葉がけをする練習です。これは何かに失敗したり，悪いことがあったときに「私はダメだ」と思って落ち込むのではなく，「でも自分にはこういうよい点もある」，「このままの自分でよいんだ」と思えるようになる練習です。これを練習したあとに自分が自分自身についてどう感じるようになったかの変化に注目をしてください。 ● ではイメージしやすいように，先ほどの体育の授業でバスケットボールのゲームに負けてしまった場面をもう１回してもらいます。 ★ 体育の授業でバスケットボールのゲームに負けた場面 > A：「○○さん，試合負けてしまったね。もうちょっとで勝てそうだったのに」 > B：「Aさんがあそこでシュートをはずしたからね」 > A：「あ，ゴメン。みんなの足をひっぱってしまったよね。せっかくよい雰囲気だったのに，台無しにしてしまって」 > B：「ほんとにそう。Aさんっていつも大切なところで失敗をするよね。もういいよ。一緒にいたらイライラしてきた。もう知らない」（立ち去る） > A：（うつむいて）「ごめん……」 ● Aさんは落ち込んでしまいましたが，ここで「だけど……」と自分に声かけをできることが大切です。それでは自分にどんな声かけができるでしょうか。先ほど見つけた自分のよいところでもいいですし，自分をはげます言葉でもよいです。今から参考となりそうなリストを配ります。 〖Point！③〗（⇒プリント「自分をはげます言葉がけリスト（18－③）」を配布）

〈アレンジ②〉
今回は取り上げていませんが，ワーク③として，「楽しい活動リスト」を作ることもできます。気が進まないこと，嫌なことがあっても「でも明日にはこんな楽しい予定がある」と気分を変えることは大切です。そのため自分の好きな活動を10個程度リストアップしてもらいます。内容は「月曜日には○○のテレビがある」のように，より具体的な方がよいでしょう。

上級レベル

〈Point！③〉
このリストはグレン・R・シラルディ『自尊心を育てるワークブック』を参考に作っています。

	● これらの言葉で，自分を落ち着かせたり，気分を切り替えたりすることが期待できます。こういった言葉を独り言のように繰り返して考えてみてください。失敗してもかまわないと思えたり，上手くいかなくても自分を許すことができるようになってもらえたらと思います。　　　　　　　　　　　アレンジ③ （⇒プリント「自分に声かけをしよう（18－④）」を配布） ● それでは自分の心の中で，どんな声かけができるかを練習してみましょう。ここには2つの場面があるので，それぞれについて考えて書いてください。先ほど自分で書いたり，人に書いてもらった自分のよいところや，プリントにある自分をはげます言葉リストを使って書くこともできます。 　⇒記入できたら，何人かに発表してもらい全体で共有する。 ● 誰かから嫌なことを言われたり，上手くいかないことがあったとしても「自分は何もかもダメだ」と思ってしまうことがあります。でも全部がダメなのではなく，他にもよい面があることに目を向けることが自尊心を高めるにはとても大切なことです。日頃から心がけておいて，「だけど……」と心の中ですぐに言えるようになったらよいと思います。
振り返り	○ まとめと次回の予告 ● 今日は，気持ちを上手につきあうスキルの最後として「自尊心を高める」というテーマで練習をしました。 ● 気持ちと上手につきあうスキルについては5回にわたって，自分の気持ちや考えを取り上げましたがどうだったでしょうか。みなさん，とてもしっかり取り組んでくれたので，今から1人ずつに修了証を渡します。 　⇒1人ずつに修了証を渡す。

〈アレンジ③〉
今回はプリントによる認知リハーサルをしていますが，グループの質（みんなが仲がよい）によっては，行動リハーサルをする方法もあります。たとえば，ペアになって，1人が悪口を言って，もう1人がそれに対してプリントに書いたような内容を声に出して伝えるやり方です。ただし，やや攻撃的なやりとりなので雰囲気が悪くならないように気をつけてください。

18 − ①

名前：＿＿＿＿＿＿＿＿＿＿＿＿＿＿＿＿＿

自分のよいところを見つけよう

🍎 私が得意なこと

-
-
-
-

🍎 自分自身について好きなところ

-
-
-
-

🍎 自分の自慢できること（過去のことでもよい）

-
-
-
-

Ⅱ. 実践編

18－②

名前：＿＿＿＿＿＿＿＿＿＿＿＿＿＿＿＿＿＿

| 自分のよいところを他の人から教えてもらおう |

名前：＿＿＿＿＿＿＿＿＿＿＿＿＿　さんのよいところ

-
-
-
-
-
-
-
-
-
-
-
-

自分をはげます言葉がけリスト

- ほとんどやったことがないから，うまくできなくて普通だ。

- これはこれで仕方がない。次にがんばろう。

- 今の自分でできることだけをやればいい。

- だれにでも，得意，不得意はある。

- 100点でなくても，これで十分だ。

- これで人生がおしまいというわけではない。

- とりあえず，おちついて，リラックスしよう。

- 今回，失敗したから，次のだいじなときには気をつけられる。

- 自分だけではなくて，ほかの人もそうだろう。

- 勝負に負けたからって死ぬわけではない。

- 自分がよいか悪いかは，自分で決めることだ。

- 自分がしたことはよくなかったが，自分の全部が悪いわけではない。

- このことを10年後に思い出したら，たいしたことではなかったと思うだろう。

(参考：グレン・R・シラルディ『自尊心を育てるワークブック』)

Ⅱ. 実 践 編

18－④

名前：＿＿＿＿＿＿＿＿＿＿＿＿＿＿＿

自分に声かけをしよう

① バスケットボールのゲームで失敗して，友達に嫌われた場面

> あなた：「Bさん，試合に負けてしまったね。もうちょっとで勝てそうだったのに」
> Bさん：「Aさんがあそこでシュートをはずしたからね」
> あなた：「あ，ゴメン。みんなの足をひっぱってしまったよね。せっかくよい雰囲気だったのに，だいなしにしてしまって」
> Bさん：「ほんとにそう。Aさんっていつも大切なところで失敗をするよね。もういいよ。いっしょにいたらイライラしてきた。もうしらない」
> あなた：「だけど……」

🍎 「だけど……」につづく言葉

- ＿＿＿＿＿＿＿＿＿＿＿＿＿＿＿＿＿＿＿＿＿＿＿＿＿＿＿＿＿＿＿＿＿＿＿＿＿＿
- ＿＿＿＿＿＿＿＿＿＿＿＿＿＿＿＿＿＿＿＿＿＿＿＿＿＿＿＿＿＿＿＿＿＿＿＿＿＿
- ＿＿＿＿＿＿＿＿＿＿＿＿＿＿＿＿＿＿＿＿＿＿＿＿＿＿＿＿＿＿＿＿＿＿＿＿＿＿

② テストの点数が悪く「しっかり勉強しなさい！」と叱られた場面

🍎 「だけど……」につづく言葉

- ＿＿＿＿＿＿＿＿＿＿＿＿＿＿＿＿＿＿＿＿＿＿＿＿＿＿＿＿＿＿＿＿＿＿＿＿＿＿
- ＿＿＿＿＿＿＿＿＿＿＿＿＿＿＿＿＿＿＿＿＿＿＿＿＿＿＿＿＿＿＿＿＿＿＿＿＿＿
- ＿＿＿＿＿＿＿＿＿＿＿＿＿＿＿＿＿＿＿＿＿＿＿＿＿＿＿＿＿＿＿＿＿＿＿＿＿＿

★上級レベル（中学生・高校生〜）：面接スキル①

セッション 19

面接試験を受ける（基本）

◆ **目的とねらい**：進学や就職・アルバイトなどの面接を受けることは多くあります。面接では，自分をアピールすることはもちろん，姿勢や言葉遣いといったふるまい方も大切です。今回は，面接スキルの基本となる，姿勢や声の大きさといった，態度の部分を中心に練習します。

◆ **行動項目**

① あいさつする
② 相手の顔を見る
③ 相手に聞こえる大きさの声で言う
④ 背筋を伸ばしてからだを前に向ける
⑤ 手はひざの上に置く
⑥ 相手の話を最後まで聞く

◆ **解　説**：面接でよく聞かれる質問を以下にリストアップしました。面接練習の参考にしてください。

- 応募した理由は何ですか
- 採用（入学）されたらどんなことをしたいですか
- 長所と短所を聞かせてください
- 今まで何かがんばったことはありますか
- 今まで失敗をしたときにどのように克服しましたか
- クラブ活動や委員会でどんなことを学びましたか
- 学校生活で印象に残っていることはどんなことですか
- 将来の夢は何ですか
- 趣味は何ですか

Ⅱ. 実 践 編

内　容	活動内容
導　入	○ 全員がそろってから全体で開始のあいさつとメンバー紹介をする
あいさつ	○ 全体で開始のあいさつ
アクティビティ	○ アイスブレイクのためのミニゲーム
心がけ	○ 心がけ，約束事を確認
教　示 前回の振り返りと今日の導入	○ 今日のテーマ「面接試験を受ける」の導入 ● これからみなさんは，受験や就職のために面接を受ける機会が出てくると思います。また，アルバイトを始めるときにも面接を受けます。今日から3回は，面接が上手くいくように，いくつかのポイントを一緒に練習していきます。 ● 一口に面接と言っても，受験と就職での面接では内容が少し変わっていますので，今日は面接を受けるときに共通して基本になる，姿勢や声の大きさといった，態度の部分を中心に練習しましょう。

モデリング	○ 職員がモデルを示して見せる
	● それでは今から面接をする場面をします。場面は，高校受験の面接です。Aさんが面接を受ける役で，Bさんが面接官の役です。みなさんはBさんが面接を受けているときの顔や体の向き，目線，声の大きさといった，態度の部分に特に注目してみてください。
	
	★ 高校受験の面接の場面
	
	 A：ドアをノックしておどおどと部屋に入る。
	  そのまますぐに席に座る。
	  背中を丸くして両手を組んだりほどいたり所在なく動かす。
	 B：「これから面接を始めます。はじめに，受験番号と名前を言ってください」
	 A：小さな声で視線を合わせずうつむき加減で，「受験番号○○番のA（苗字のみ）です」
	 B：「ではAさん，本校を志望した理由はなんですか？」
	 A：「親から高校ぐらいは行っておけと言われたから……（語尾をにごす）」
	 B：「わかりました。将来の夢や希望はありますか？」
	 A：「えーと……特にありません」
	 B：「そうですか。では，これで面接を終わります」
	 A：そのまま立ち上がって，そそくさと部屋を出る。

セッション19　面接試験を受ける（基本）

● さてAさんの面接を受けている様子はどうでしたか。
　⇒参加者数名に聞く。悪い点が出たときは，続けてどのように改善すればよいかを聞く。

（改善点例）

- 入るとき「失礼します」と言って入る。
- 座るよう促されてから「よろしくお願いします」と言って座る。
- 手は動かさず，ひざの上に軽く握っておく。
- 背筋を伸ばす。
- 視線をあげ，相手の顔を見る。
- フルネームで答える。
- 大きな声で話す。
- 語尾まではっきり言う。
- 終わったら立ち上がって「ありがとうございました」と言い，部屋を出るときに「失礼します」と言って出る。

Point！①

● では，みなさんから意見が出たところで，面接を受けるときのポイントをまとめてみましょう。

〈ポイント〉

①あいさつをする
②相手の顔を見る
③相手に聞こえる大きさの声で言う
④背筋を伸ばしてからだを前に向ける
⑤手はひざの上に置く
⑥相手の話を最後まで聞く

● それでは，この6つのポイントをもとにして，もう一度Aさんに面接を受けてもらいます。ポイントができていたかに注目しながら見ていてください。

★ 高校受験の面接の場面

A：ドアをノック。「失礼します」と言ってから入室。
　いすの前まで進み，立っておく。
B：「どうぞおかけください」
A：「よろしくお願いします」と言って座る。
　いすに深く腰かける。両足は軽く開いて座り，手は軽く握ってひざの上におく。背筋は伸びている。

Point！②

〈Point！①〉
いろいろ意見を出してもらい，どれも大切であるとコメントします。その中でも今日は面接を受けるときに共通して基本になる，姿勢や声の大きさといった，態度の部分を中心に練習することを再度確認します。

〈Point！②〉
女性の場合はひざをくっつけて，足をそろえる。また，両手を重ねて膝の上に置いておく。

上級レベル

Ⅱ．実 践 編

> B：「これから面接を始めます。はじめに，受験番号と名前を言ってください」
> A：（視線を合わせ，大きめの声でゆっくり）「はい。受験番号○○番のA（フルネーム）です」
> B：「では，Aさん，本校を志望した理由はなんですか？」
> A：「はい，私は中学校で陸上競技部に入っています。高校に入っても陸上競技を続けて上手くなりたいと思い，部活動に力を入れているこの高校を志望しました」
> B：「わかりました。将来の夢や希望は何かありますか？」
> A：「はい。今は福祉の分野に携わりたいと思っています。高校在学中も，時間がある時にボランティア活動をしていきたいと思っています」
> B：「そうですか。では，これで面接を終わります」
> A：立ち上がり，「ありがとうございました」と言う。
> 　退室の際，「失礼します」と言って部屋を出る。

● Aさんの面接を受けている様子はどうでしたか（下記の6つについてそれぞれ聞いていく）。
　⇒① あいさつ
　　② 目線（どこを見ているか）
　　③ 声の大きさ
　　④ 姿勢
　　⑤ 手の位置
　　⑥ 話の聞き方　　　　　　　　　　　**Point！③**

行動リハーサル&強化・フィードバック	○ 少人数グループに分かれて，面接の6つのポイントを練習する。 ● 今からグループに分かれて面接の練習をしたいと思います。話す内容も大切ですが，今日は特に姿勢や態度に気をつけて練習をしていきましょう。 〈リハーサルの手順を全体で説明〉　　**Point！④** ・場面は「高校受験」と「就職，アルバイト面接」などで，参加者が自分にあった場面を選ぶ。具体的な面接先については，参加者が決める。 ・面接官は基本的には職員が行うが，余裕があれば参加者がしても可。 ・質問事項は名前と志望動機（もしくは将来の夢）。

〈Point！③〉
リハーサルを行う前に内容をあらかじめ決めておきます。何を言ってよいかわからない参加者は，モデリングを参照するか，職員がアドバイスして決定します。なお，緊張が高い参加者は，最初は名前だけで，応答内容には触れなくても構いません。
態度面は自分でモニタリングしにくいので，積極的にフィードバックをしてください。

〈Point！④〉
面接官役は学生ボランティア，実習生，知らない先生といった日頃あまり関わらない人にしてもらいます。
また，参加者が面接官役をすることで，どのような姿勢がよく見えるか，どんな話し方が聞きやすいかを，客観的に見ることができるでしょう。

	＊各参加者２回リハーサルを行う。１回目終了時に他の参加者や職員からフィードバックをもらい，再度リハーサルを行う。 ＊時間があれば，もう一巡する。その場合は場面設定の変更可。
振り返り＆ ホームワーク の説明	○ 振り返りとホームワークの説明 ● 今回は，面接を受けるときに，好印象をもってもらうための基本的な態度について練習をしました。 次回はもう少し踏み込んで，面接で自分を上手くアピールする方法についても練習したいと思います。そこで，ホームワークではみなさんに「アピールポイント集め」をしてもらいたいと思います。 （⇒プリント「自分のアピールポイント探し（19－①）」を配布） ● 友達や職員など誰でも構わないので，自分の特技や長所といったアピールできるところはどこかを質問し，３つ集めてください。同じ人に３つ聞いてもかまいませんし，別の人にそれぞれ質問してもかまいません。このアピールポイントを元に，次回面接練習をしたいと思います。

上級レベル

II. 実践編

19 − ①

名前：＿＿＿＿＿＿＿＿＿＿＿＿＿＿＿＿＿

★☆ 自分のアピールポイント探し ☆★

今回の SST では，「面接でよい印象を与える」ことを練習しました。
そこで宿題では，「自分のよいところ，アピールできるところ」を友だちや職員に質問して教えてもらってください。何人に質問してもかまいませんが，3つはあげてもらってください。もちろんそれ以上たくさんあればぜひ書いてください。

	アピールポイント	質問した人のサイン
1		
2		
3		
4		
5		

★上級レベル（中学生・高校生〜）：面接スキル②

セッション **20**

面接試験を受ける（応用）

◆ 目的とねらい：今後，高校受験などで必ず直面する面接について，前回は声の大きさや姿勢といった基本的な態度について練習をしました。そして今回は，自分のことをアピールして好印象をもってもらう練習をします。そのため，態度だけでなく応答内容についても取り上げます。

◆ 行動項目

> ① あいさつをする
> ② 相手の顔を見る
> ③ 相手に聞こえる大きさの声で言う
> ④ 背筋を伸ばしてからだを前に向ける
> ⑤ 手はひざの上に置く
> ⑥ 相手の話を最後まで聞く
> ⑦ 自分のことをアピールする

◆ 解　説：自己アピールが思いつかない場合

　　どのような面接であれ，志望動機と自己PRの2つは高頻度で尋ねられます。しかし，具体的に自己PRすることが思いつかないことがあります。そのようなときは，①自分の好きなことをリストアップする（絵を描くこと，動物が好きなど），②他の人は嫌がるが自分は大丈夫なことを探す（掃除当番は欠かさないなど），③毎日続けていることを確認する（小さいこと，地道なことでも），④自分の短所を裏返しの表現にする（集中力がない→行動力がある），⑤家族に聞いてみる，⑥セッション18「自尊心を高める」のワークで他の人に教えてもらうといった方法をためしてください。それらを面接先で求められる内容に沿った形に表現を変えましょう。

Ⅱ．実 践 編

内　容	活動内容
導　入	○ 全員がそろってから全体で開始のあいさつとメンバー紹介をする
あいさつ	○ 全体で開始のあいさつ
アクティビティ	○ アイスブレイクのためのミニゲーム
心がけ	○ 心がけ，約束事を確認
教　示 前回の 振り返りと 今日の導入	○ 前回の振り返り ● 前回から面接の練習をしています。前回は，面接の中でも特に「態度」に注意をして練習をしました。面接試験ではまずはこの態度がとても大切になります。 ○ 今回のテーマ「面接試験を受ける（応用）」の導入 ● 今日は，前回学んだ6つのポイントに加え，質問にどう答えるかについても練習したいと思います。基本の態度ができるようになってきた人は自分をアピールする方法についても練習しましょう。
ワーク	○ ワーク「自分のことを知ろう」 ● 今日最初にしてもらうことは，面接での質問に答えられるように，自分について知っていき，整理をすることです。自分をアピールすることで，面接官にこの人ならこの学校でがんばってくれるだろう，職場で一緒に働きたいなどと感じてもらうことができます。（⇒プリント「自分について考えよう（20－①）」を配布） **Point！①** ● ここに10個の質問が書いてあります。これを答えながら自分についての理解を深めていってください。後の面接練習のときに答えられるように準備をしましょう。前回のホームワーク「自分のアピールポイント探し」を参考に書くこともできます。
モデリング	○ 面接のモデリング ● では次に前回練習した6つのポイントをおさらいします。 〈ポイント〉 ① あいさつをする ② 相手の顔を見る ③ 相手に聞こえる大きさの声で言う ④ 背筋を伸ばしてからだを前に向ける ⑤ 手はひざの上に置く ⑥ 相手の話を最後まで聞く

〈Point！①〉
ただ単にアピールポイントを探すのではなく，参加者の今後の方向性に沿った自分のアピールポイントを考えてもよいかもしれません。また，参加者によっては，これを埋めるのにかなり苦労する参加者もいるため，例を書いたプリントも一緒に配布する方が書きやすいでしょう。

セッション20　面接試験を受ける（応用）

● それでは今から，Ａさんに高校入学試験の面接を受けてもらいます。Ａさんが６つのポイントを上手にできているかに注目をしてください。面接官はＢさんです。

★ 高校入試面接の場面

Point！ ②

A：ドアをノック。「失礼します」と言ってから入室。
　　いすの横まで進み，立っておく。
B：「どうぞおかけください」
A：「よろしくお願いします」と言って座る。
B：「これから面接を始めます。はじめに，受験番号と名前を言ってください」
A：「受験番号○番のＡ（フルネーム）です。よろしくお願いします」
B：「ではＡさん，なぜ○○高校に応募されたのですか？」
A：「はい，私は小学校の頃から絵を描くのが好きで，中学校では美術部に入っていました。この学校は美術部があり，またオープンスクールのときに感じた学校の雰囲気が自分に合っていると思い志望しました」
B：「絵がお好きなんですね。それでは，Ａさんのアピールポイントを教えてください」
A：「はい，私はよくみんなに好奇心が強いと言われます。いったん，興味をもつと，いろいろなことを調べていくタイプです。この学校でも，クラブはもちろん，様々なことに興味をもって学んでいけたらと思います」
B：「なるほど，わかりました。では，これで面接を終わります」
A：「ありがとうございました」と言って立ち上がり，ドアの前まで歩く。ドアの前で振り返り，「失礼します」と言って部屋を出る。

〈Point！ ②〉
今回は行動リハーサルに時間をとりたいので，モデリングはよいモデルのみ示します。

● Ａさんの面接はどうでしたか。ポイントはできていたでしょうか。
　　⇒参加者に聞きながら６つのポイントを復習する。

● Ａさんは志望動機を何と言っていたでしょうか。
　　⇒参加者に聞きながら確認。

● 自分がなぜその学校を志望しているのかについては，自分がなぜその場所に興味をもったのか，その学校の特徴と自分の希望がどう合っているのかを伝えると，希望理由がより伝わり，相手によい印象を与えます。

上級レベル

Ⅱ．実　践　編

	● では次にAさんは自分のアピールポイントはどこだと言っていたでしょうか。 　⇒参加者に聞きながら確認。 ● そうですね，好奇心旺盛ということをアピールして，学校でも活かしたいと話していました。長所をアピールすることで，この人だったらがんばってくれそうだ，自分の学校にもぴったりだろうというよい印象をもってもらえたのではないでしょうか。直接アピールポイントを聞いてくれない場合もあると思いますが，面接を受ける態度と話す内容の両方で，自分のよさが面接官に伝わるようにするということが大事です。今日は「自分のことをアピールする」を7つめのポイントにして，今から練習をしていきたいと思います。	
行動リハーサル＆強化・フィードバック	○ グループに分かれて，面接の7つのポイントを練習する。 ● 今から2つのグループに分かれて練習をします。1つは6つのポイントについて「じっくり基本練習グループ」，もう1つは志望動機やアピールポイントなど「面接で話す内容を練習するグループ」に分かれて練習をしたいと思います。自分でどちらのグループで練習するかを決めてください。　　　　　　　　アレンジ① ・「じっくり基本練習グループ」 　⇒基本のポイント（態度面）を重点的に練習する。 　　質問項目は，①名前　②志望動機　③自己アピールの3つ。 ・「面接内容も練習するグループ」 　⇒基本のポイントはある程度できており，面接内容を練習する。 　　質問項目は，①名前　②志望動機　③自己アピールに加え，プリント「自分について考えよう」や面接で聞かれる内容などを質問していく。 ＊各参加者2回連続でリハーサルを行う。1回目終了時に他参加者や職員からフィードバックをもらい，再度リハーサルを行う。	〈アレンジ①〉 セッション回数に余裕があれば，リハーサルだけの回をとりましょう。回数をこなしていくことで，基本的な部分をマスターしてもらえればと思います。
振り返り	○ 振り返り　　　　　　　　　　　　　　アレンジ② ● 今日は自分をアピールするポイントについて練習をしました。受験やアルバイト・就職等の面接で自分をしっかりアピールできるよう，ぜひ実践してください。 　次回は○月□日に集団面接の練習をします。	〈アレンジ②〉 今回はホームワークを設定していませんが，参加者の年齢が高い場合は，一度，履歴書作りにチャレンジしてもらうこともできます。

セッション 20　面接試験を受ける（応用）

20 - ①

名前：＿＿＿＿＿＿＿＿＿＿＿＿＿＿＿＿＿

★☆ 自分について考えよう ☆★

面接で自分のことをアピールするためには，自分についてきちんと知っておくことが大切です。次の質問に答えて，自分のことを知るきっかけを作ってみてください。

1．私は＿＿＿＿＿＿＿＿＿＿＿＿＿＿＿＿＿＿＿＿＿＿＿＿＿をすることが好きです。

2．私の特技は＿＿＿＿＿＿＿＿＿＿＿＿＿＿＿＿＿＿＿＿＿＿＿＿＿です。

3．私の性格は＿＿＿＿＿＿＿＿＿＿＿＿＿＿＿＿＿＿＿＿＿＿＿＿＿です。

4．私の長所は＿＿＿＿＿＿＿＿＿＿＿＿＿＿＿＿＿＿＿＿＿＿＿＿＿です。

5．私の短所は＿＿＿＿＿＿＿＿＿＿＿＿＿＿＿＿＿＿＿＿＿＿＿＿＿です。

6．私の趣味は＿＿＿＿＿＿＿＿＿＿＿＿＿＿＿＿＿＿＿＿＿＿＿＿＿です。

7．私の将来の夢は＿＿＿＿＿＿＿＿＿＿＿＿＿＿＿＿＿＿＿＿＿＿＿です。

8．私は休みの日には＿＿＿＿＿＿＿＿＿＿＿＿＿＿＿＿＿＿＿＿をしています。

9．私が一番思い出に残っていることは＿＿＿＿＿＿＿＿＿＿＿＿＿＿＿

　＿＿＿＿＿＿＿＿＿＿＿＿＿＿＿＿＿＿＿＿＿＿＿＿＿＿＿＿＿です。

10．私がこれまでに一番がんばったことは＿＿＿＿＿＿＿＿＿＿＿＿＿＿

　＿＿＿＿＿＿＿＿＿＿＿＿＿＿＿＿＿＿＿＿＿＿＿＿＿＿＿＿＿です。

上級レベル

★上級レベル（中学生・高校生〜）：面接スキル③

セッション **21**

面接試験を受ける（集団面接）

◆ **目的とねらい**：面接について，前々回は態度，前回は応答内容（自己アピール）について練習をしました。今回は集団面接でも，自分らしさを出す練習をします。

◆ **行動項目**

> ① あいさつをする
> ② 相手の顔を見る
> ③ 相手に聞こえる大きさの声で言う
> ④ 背筋を伸ばしてからだを前に向ける
> ⑤ 手はひざの上に置く
> ⑥ 相手の話を最後まで聞く
> ⑦ 自分のことをアピールをする
> ⑧ 準備のない質問に答える
> ⑨ 自分らしく答える

◆ **解　説**：集団面接について

　集団面接は，面接を受ける側が同時に数名で面接を受ける方法で，個人面接とはまた違った緊張感を味わうことになります。集団面接のポイントは「自己アピール」と「オリジナリティ」です。大人数の中でいかにして面接官の印象に残れるかが大切ですが，決して奇抜なエピソードが必要ということではありません。今までの経験から何を学びそれが今の自分にどう影響しているのかということをしっかり伝えることが面接官の印象に残ることに結びつきます。そのためには自己分析に基づく自己アピールの準備が必要不可欠です。また集団討論の場合には，「傾聴の姿勢」も大切です。他の人の話を理解したうえで自分の発言をするということが好印象につながります。

セッション21　面接試験を受ける（集団面接）

内　容	活動内容
導　入	○ 全員がそろってから全体で開始のあいさつとメンバー紹介をする
あいさつ	○ 全体で開始のあいさつ
アクティビティ	○ アイスブレイクのためのミニゲーム
心がけ	○ 心がけ，約束事を確認
教　示 前回の振り返りと今日の導入	○ 前回の振り返り ● 前々回は面接の態度について，前回は面接の内容について学んできました。最初は緊張したと思いますが，今回は3回目なので，面接練習にも余裕ができて，今までよりも自分らしい受け答えができるようになればよいですね。 ○ 今日のテーマ「面接試験（集団面接）」の導入 ● 今日は，前々回や前回で学んだ面接のポイントを使って，集団面接の練習をします。集団面接では，面接を受ける人が同時に数名で面接を受けます。そのために一人ひとりの面接とはまた違ったポイントが必要になります。
モデリング	○ 職員がモデルを示して見せる ● まず，前回練習した7つのポイントをおさらいしたいと思います。 〈ポイント〉 ① あいさつをする ② 相手の顔を見る ③ 相手に聞こえる大きさの声で言う ④ 背筋を伸ばしてからだを前に向ける ⑤ 手はひざの上に置く ⑥ 相手の話を最後まで聞く ⑦ 自分のことをアピールをする ● さらに今回は，次の2つを追加します。　　**Point！①** ⑧ 準備のない質問に答える ⑨ 自分らしく答える ● 集団面接の場では，自分という人物をわかってもらうために，型通りの答えや周りの人と同じ答えではなく，自分らしく答えることを意識してみてください。突拍子もないことを言ったり，面白いことを言う必要はありません。自分が考えていること・感じていることを言葉にするだけで「自分らしい」ということになります。

上級レベル

〈Point！①〉
「⑨自分らしく答える」が，解説で説明したオリジナリティにあたります。
決して奇抜なエピソードが必要ということではないことも強調しておきましょう。

171

Ⅱ. 実 践 編

● では今から，Aさん，Bさん，Cさんに集団面接を受けてもらいます。場面は高校入学試験の面接です。みなさんは3人の違いに注目してください。

★ 高校入試面接の場面

Point！ ②

〈Point！ ②〉
イメージとしては，Aさんが好印象タイプ，Bさんが自信がなく控えめなタイプ，Cさんが自信過剰な前のめりタイプになります。

A・B・C：ドアをノック。「失礼します」と言ってから入室。いすの前まで進み，立っておく。
面接官：「どうぞおかけください」
A・B・C：「よろしくお願いします」と言って座る。
A：（いすに深く腰かける。両足は軽く開いて座り，手は軽く握ってひざの上におく。背筋は伸びている）
B：（いすに深く腰掛け，背筋がまるい。おどおどした様子）
C：（いすに浅く腰掛ける。前のめりの姿勢）
面接官：「これから面接を始めます。はじめに，名前と自己アピールをしてください」
A：（視線を合わせ，大きめの声でゆっくり）「Aです。みんなに笑顔がいいねと言われます。高校に入学してもみんなに笑顔で接し，クラスの雰囲気を明るくできたらと思います」
B：（視線を合わさず，小さな声で）「Bです。わたしのいいところは，自分ではよくわかりません」
C：（視線を合わせ，大きすぎる声で早口で）「Cです。私は野球が大好きです。この学校の野球部はあまり強くありませんが，私が甲子園に連れて行こうと思います」
面接官：「ではみなさん，なぜこの学校を志望されたのですか。Aさんから順番にどうぞ」
A：「はい。私は中学校の先生や先輩達から話を聞いて，文武両道という校風だと聞き，興味をもちました。そのうえで学校案内を読んだり，オープンスクールに来て，学校の雰囲気が自分に合っていると思い，この学校を志望しました」
B：「私も，前の人と同じ理由で希望しました。雰囲気が自分に合っていると思っています」
C：「先ほども言いましたが，私はこの学校の野球部を甲子園に連れていく自信があります。中学の最後の大会では1回戦負けでしたが高校は大丈夫です。私を合格させないと絶対に損をすると思います」
面接官：「なるほど，わかりました。では，これで面接を終わります」
A・B・C：「ありがとうございました」といって立ち上がる。ドアの前で振り返り「失礼します」といって部屋を出る。

セッション21　面接試験を受ける（集団面接）

	● Aさん，Bさん，Cさんの面接はどうでしたか。それぞれ面接官にどのような印象を与えるでしょうか。 　⇒参加者数名をあてながら，印象を確認をする。 ● Aさんはバランスのとれた好印象を与えるタイプ，Bさんは自分に自信がなく控えめに周りに合わせるタイプ，Cさんが自信たっぷりでどんどん前に出るタイプでしたね。 ● 集団面接は，ひとりだけで面接をするときとは違うことが感じられたでしょうか。Bさんのように周りの人と同じことばかり言っていると，面接官に自分のことをあまりわかってもらえません。しかしだからと言って，Cさんのように自己主張ばかりしたらよいかと言えばそうでもなさそうです。面接先によって多少変えていく必要があるときもありますが，自分の考えや気持ちを丁寧に言葉にしていくことが大切です。	
行動リハーサル&強化・フィードバック	○ 面接の9つのポイントを練習する　　【アレンジ】【Point！③】 ● 今から集団での面接練習をします。今までは，あらかじめ質問の内容をみなさんにお知らせしたこともありましたが，今回は事前に質問内容を知らせずに質問をします。突然に質問されるとどのように答えていいのかわからなくなるかもしれませんが，自分が思いつくことを言葉に出してみてください。これは練習ですので，失敗を恐れずにどんどんチャレンジしてみてください。場面は，入学試験面接です。 ＊1グループ3～4人とし，一列に並んでもらう。面接官は職員が行う。 ＊質問は，①名前，②自己アピールを聞き，その後は設定に応じて，2，3の質問をする。質問に答える順番は変えていく。 ＊各参加者2回連続でリハーサルを行う。1回目終了時に他参加者や職員からフィードバックをもらい，再度リハーサルを行う。 ＊時間があれば，工夫したことやむずかしかったことを共有する。	〈アレンジ〉 質問内容は，場面設定によって多少異なりますが，セッション19の解説を参考にしてください。 難度は高いですが，テーマを決めて集団討論する形式もあります。 参加者の状況として集団面接が想定されない場合は，個別面接の形式で，「⑧準備のない質問に答えられる」に焦点をあてる方法があります。様々な質問をすることで経験を積み重ねてもらいます。 〈Point！③〉 今回はポイントがいつもより多いですが，自己アピールをすること，急なことにもオリジナリティを出すことが目標になります。なお，集団討論の場合はこれに他の人の意見を尊重することが加わります。
振り返り	○ 全体でセッションの振り返りをする ● 今日は「集団面接」というテーマで練習をしましたが，グループに分かれての練習はどうでしたか。 　⇒参加者，職員の感想。 ● 面接スキルは今回で終わりです。修了証をみなさんに渡します。	

上級レベル

アクティビティ集

アクティビティ **1** 「風船電車」

協調するスキル
難易度：☆

1．人数
- 3人〜（1グループ3〜5人で対抗戦可）

2．用意するもの
- 風船（人数分）

3．手順
① 1人1つ，風船をふくらませる。
② 一列に並んで，前の人の背中と自分の胸の間に風船をはさむ。先頭の人の風船は職員があずかる。
③ 先頭の人がリーダーになって，声をかける。
④ 風船を落とさないように進む。手で風船を支えたりはしないようにする。
⑤ 途中で風船が落ちてしまったら，先頭の人は列の一番後ろに並び，新たに先頭になった人がリーダーをする。

4．配慮すること
- 転倒などの安全面には十分配慮し，広いスペースで行う。風船が落ちないようにコミュニケーションをとるよう促す（「1，2！ 1，2！」のかけ声など）。特に，リーダーがリーダーシップをとれるように助ける。

5．アレンジするなら
- 全体の人数が多い場合は，グループに分け，競争してもよい。

アクティビティ ②

協調するスキル
難易度：☆

「二人三脚危機一髪」

1. 人数
   - 8人～（1ペア2人でグループ対抗戦可）

2. 用意するもの
   - 黒ひげ危機一髪ゲーム（黒ひげ，剣，剣をさす樽）
   - 二人三脚用の輪（ひも）

3. 手順
   ① 参加者を1グループ4人以上（偶数）で2つ以上のグループに分け，グループ内で2人1組のペアをつくる。
   ② グループごとにリレーの順番を決め，1人に1本ずつ黒ひげの剣をもたせる。
   ③ 1番目のペアは輪っかをそれぞれの足に通す。
   ④ 「スタート」の合図で，ペアは二人三脚で黒ひげ危機一髪のところまで行き，樽に剣をさす。黒ひげが飛び出さなかったら二人三脚でスタートまで戻る。
   ⑤ 戻ったら輪っかを次のペアに渡して，次のペアが足に通し，二人三脚で黒ひげに剣をさしに行く。
   ⑥ 黒ひげが飛び出るまで繰り返し，先に黒ひげが飛び出たほうが勝ち。

4. 配慮すること
   - 足に輪っかを通しているので，転んでけがをしないよう気を配る。
   - ペアを決める際に，人間関係など配慮をする。参加者にペアを決めさせる場合は，あぶれてしまうことがないように職員が声かけし，全員がペアになれるようにする。

5. アレンジするなら
   - 途中に障害物を置く。
   - 三人四脚など人数を増やす。

アクティビティ **3** 「好きな○○ビンゴ」

自分を表現するスキル
難易度：☆

1．人数
- 3人〜

2．用意するもの
- 9マス（3×3）に区切ったビンゴシート

3．手順
① 1人に1枚ずつ9マス（3×3）に区切ったビンゴシートを配布する。
② 「好きな○○」とテーマを決め（たとえば，好きな色），1マスに1つずつそのテーマに合った好きなものを書いていく。
③ 1人ずつ順番に，マスの中に書いてある「好きな○○」を発表する。
④ 自分のビンゴシートの中に発表した人が言ったものがあれば，○をつけていく。
⑤ ○のついたマスがタテ・ヨコ・ナナメに3つ揃えば「ビンゴ！」と言って手をあげる。

4．配慮すること
- 人数が多い場合は，クジ引きなどで参加者をいくつかのグループに分ける。
- みんなの前で発表するのがむずかしい人は，職員が代わりに言う。
- 9マスうめることがむずかしい人には，職員が補助する。
  例：「好きな色」で思い浮かばない場合は，「いつも何色の服を着ることが多い？」など関連する質問をする。

5．アレンジするなら
- 9マスの中に1〜12までの数字を書く。他の人に誕生月を聞き，その月の数字があれば○をつけていく。
- 「好きな○○」というテーマを決めて，そのテーマに合う内容を9マスに書き込む。いろいろな人に「好きな○○は何ですか？」とインタビューをして，その人の答えたものが自分の書き込んだマスにあれば○をつけていく。

アクティビティ 4　「サインあつめ」

人と交流するスキル
難易度：☆

1．人数
- 5人～

2．用意するもの
- 紙（人数分）
- ペン（人数分）

3．手順
① 全員が，紙とペンを持って，自由に歩きまわる。
② 出会った人と，じゃんけんをする。
③ じゃんけんに勝ったら，持っている紙にサインをしてもらう。
④ 3人にサインをしてもらった人から座る。

4．配慮すること
- 各々がいろいろな人と交流できるよう促し，同じ人からサインを複数もらわないようにする。また，「じゃんけんをしましょう」と人に声をかけづらい場合は，職員が促し，一緒に声かけを行うなどの配慮をする。職員自身がじゃんけんの相手になってもよい。

5．アレンジするなら
- いくつサインを集めるかは，全体の人数に応じて変えてもよい。
- じゃんけんをする人を職員が限定してもよい（たとえば，「同性」「異性」など）。
- じゃんけんをするのではなく，あらかじめ職員が複数のテーマを用意しておいて，そのテーマに合った人のサインを集めるというルールにしてもよい。たとえば，「A型の人」「赤いものを身に着けた人」「メガネをかけている人」という3つのテーマを設ける。参加者は自由に歩き回り，テーマに合った人がいたら声をかけたり，テーマに合っているか質問をする（「何型ですか？」など）。3つのテーマそれぞれに合う人からサインを集められたら座る。

アクティビティ **5**　「整列ゲーム」

みんなで協力するスキル
難易度：☆

1. 人数
   - 5人〜

2. 用意するもの
   - なし

3. 手順
   ① 全体の人数に応じて，5〜10人ずつのグループに分ける。少人数の場合は，分けなくてもよい。
   ② 各グループごとに，立って集まる。
   ③ 職員が「背の順」などのテーマを発表する。
   ④ 各グループは，協力しあってテーマに沿った順番に並ぶ。
   ⑤ 早く並べたグループが勝ち。

4. 配慮すること
   - グループ内で，コミュニケーションをとれるように促す。

5. アレンジするなら
   - テーマを変えて行う。客観的に順番がつくものならば何でもテーマになる。たとえば，「今朝の起床時間順」「誕生日順」「名前のあいうえお順」「通学時間順」など。
   - 言葉を使わずにジェスチャーで伝えあうなどの方法も可能。

アクティビティ 6

目と手の協応運動スキル
難易度：☆

「名前パズルタイムショック」

1．人数
- 5人〜（1グループ数人で対抗戦可）

2．用意するもの
- 画用紙
- マジック
- マグネットシート
- ストップウォッチ（時計）

3．手順
① 参加者の名前が一文字ずつバラバラにカードに書かれているものを準備する。
② カードの裏にはマグネットをつけ，ホワイトボードに全員分の名前の文字をランダムに貼る。
③ 1人ずつ前に出てきて，「スタート」の合図とともにそこから自分の名前の文字を探し出して並べる。
④ 並べるのにかかった時間を測定する。
⑤ 見ている人は文字がどこにあるかを教えてもよい。

4．配慮すること
- 先に職員が前に出て，モデルを見せる。
- 名前の文字数が多い場合は配慮するか，グループ対抗にしてバランスをとる。
- 前に出てくるのがむずかしい参加者については，職員とペアになって一緒に行う。
- 参加者が前に出てきたことに対してほめる。
- 前に出てきた参加者に教えてあげていた人に対してほめる。

5．アレンジするなら
- 参加者の1人に前に立ってもらい，別の人がその人の名前を並べて作る。
- 制限時間を設けて，その時間内に作れるかどうかを競う。

アクティビティ **7**　「団結の船」

みんなで協力するスキル
難易度：☆

1．人数
- 8人〜（1グループ4人以上で，最低2グループ）

2．用意するもの
- 新聞紙（グループに1枚）
- カメラがあってもよい

3．手順
① 「たった今からここは川です。ワニがたくさん泳いでいます。この船（新聞紙）にグループ全員が団結してどんな形であれ乗ってください」と新聞紙を各グループに1枚ずつ新聞紙を配る。
② どのグループも乗り終えたらグループ対抗でじゃんけんをする。
③ 「負けたグループは新聞紙を半分に折ってもらいます」と説明，以下同様に負けたグループはどんどん新聞紙を半分にしていく（新聞紙の8分の1の広さに5人は乗れる）。
④ 新聞紙に全員が乗れなくなったグループから抜けていく。
⑤ 最後の1グループになったら終了。

4．配慮すること
- 密着するので高年齢の場合，性別は分ける。
- 接触を嫌う場合は新聞紙に乗れているかの判定をする審判として参加させる。

5．アレンジするなら
- じゃんけんをして勝ったら1段階戻れるルールの追加も可。
- おんぶしたりだっこしたりして限界までがんばる各グループの姿を写真にとり，団結の証として掲示してもよい。

アクティビティ 8　「ハンカチダッシュ」

人と交流するスキル
難易度：☆

1．人数
- 8人〜

2．用意するもの
- ハンカチ

3．手順
① 広いスペースを作る。
② 全員で円を作って中心を向き，体操座りで座る。
③ 最初の鬼を決める（たとえば，誕生日が当日と一番近い人，じゃんけんで負けた人）
④ ルール説明
⑤ 鬼は誰かの後ろにそっとハンカチを置いてそのまま走り，輪の外側を一周する。
　 ハンカチを自分の後ろに落とされた人は，それに気づいたらハンカチを持って鬼と同じ方向にダッシュする。
⑥ ハンカチを落とされた人の座っていた場所に早くに戻った人がそこに座り，競り負けた方の人が鬼となって続ける。

4．配慮すること
- 走るので転んで周りにぶつかることのないよう広いスペースを確保する。
- ケガのないように注意をする。

5．アレンジするなら
- 鬼が競り負けたら，あらかじめ決めた無理のない罰ゲームを行う等のルールの追加も可。

アクティビティ **9**　「目隠し輪投げ」

わかりやすく伝えるスキル
難易度：☆☆

1．人数
- 2人～（1グループ2人以上で対抗戦可）

2．用意するもの
- 輪投げ（新聞紙やチラシなどで作成しても可）
- 輪投げの的（ペットボトル等で代用可）

3．手順
① 参加者をグループに分ける（1グループ2～5人程度にし，可能なら2グループ以上つくる）。
② 輪投げをする人を決め，その人は輪を持って所定の位置に立ち，目隠しをする。
③ 輪投げをする人は，その場で3回まわって止まる。
④ グループの他の人は，輪投げが成功するように，輪投げをする人に声をかける。
　例：「もう少し遠く」等（スイカ割の要領で）
⑤ 交代でグループ参加者全員が輪投げに挑戦し，的に入った回数をグループ間で競い合う。

4．配慮すること
- 各グループを巡回し，参加者が順番に参加できているか確認する。
- ふざけて，不適切な声かけをしている場合は適切なものに変えさせる。
　例：わざと的外れなところへ投げさせるような声かけ

5．アレンジするなら
- 時間制限を加える。
- 1つの的に複数のグループが同時に輪投げをする。

アクティビティ **10**　「仲間さがし」

人と交流するスキル
難易度：☆☆

1．人数
- 6人〜

2．用意するもの
- 大きめの紙にプリントアウトした絵や写真（画用紙に絵を描いても可）
- マジック
- はさみ

3．手順
① 誰でもわかるような絵や写真を大きくプリントアウトしたものをいくつかのピースに切り分けておく（最初は簡単に2ピースからはじめ，徐々にピースを細かくしていくとよい）。
② ピースをバラバラにしたものを参加者に配る。
③ 参加者は同じ絵・写真のピースを持っている人を探す。
④ 絵・写真が完成すればペア（もしくはグループ）になって座る。

4．配慮すること
- 参加者ができるだけいろいろな人と接触をもてるように促す。

5．アレンジするなら
- 1つの言葉を2つの紙に切り分けて言葉が完成するように相手を探す。
- いくつかのカテゴリーに分かれる絵を用意し，同じカテゴリーの人を探す。
- 新聞に掲載されている4コマ漫画を使う。

アクティビティ
11 「セブンイレブン」

協調するスキル
難易度：☆☆

1．人数
- 4人〜

2．用意するもの
- なし

3．手順
① 2人組をつくり，向き合う。
② 「せーの」で同時に片手を出し，指で1〜5までの数を示す。互いの数字を足して「7」になるまで続ける（セブン）。
③ 合わせて「7」になったら「イエーイ」とハイタッチして次の相手を探しペアになる。
④ ある程度慣れてきたら両手で，合わせて「11」になるように出し（イレブン），「11」になったら「イエーイ」とハイタッチをする。
⑤ 今度は，イレブンをクリアした3人が1グループとなり，片手ずつでイレブンを作れるまで続ける。クリアしたらハイタッチで解散。
⑥ 最後に，4人1グループになり，片手ずつでイレブンを作る。

4．配慮すること
- ルール理解がむずかしい参加者がいる場合は，前でデモをやってみせる。
- ペアやグループをうまく探せない参加者を援助する。

5．アレンジするなら
- 振り返りの際，「出す数をどうやって決めたか」，「足してなかなかセブン・イレブンにならないとき，どんな工夫をしたか」と聞くのもよい。

アクティビティ 12 「ぴったり半分」

質問するスキル
難易度：☆☆

1．人数
- 4人～

2．用意するもの
- A4以上の大きさの紙（人数分）
- マジック（人数分）

3．手順
① 紙を1人1枚ずつ配る。
② 参加者の半数に当てはまる質問を1つ考えて紙に書く。たとえば、「今日、朝ご飯食べた人」「A型とO型の人」など。
③ 1人ずつ発表し、該当者数を数える。
④ 参加者の半数、またはそれに近い質問を出した人が優勝。

4．配慮すること
- プライベートな質問は控えてもらう。

5．アレンジするなら
- 3人1グループのグループ戦にしたり、質問数を変えたり、該当者数を1人にしたりなど工夫をする。

アクティビティ 13 「古今東西グループ戦」

想像力を働かせるスキル
難易度：☆☆

1．人数
- 6人〜（1グループ3人以上で最低2グループ）

2．用意するもの
- ホワイトボード（黒板）
- ボードマーカー（チョーク）
- ストップウォッチ（時計）

3．手順
① グループ分けをする（1グループ3人以上で何グループでもよい）。
② お題を用意する（たとえば，あ行から始まる国名，「う」のつく料理）。
③ 制限時間を決め，リレー形式でホワイトボードにお題に合ったものを書き出してもらう。
④ お題に合ったものをたくさん書き出したグループが勝ち。

4．配慮すること
- お題の基準をあらかじめ決めておくとよい。たとえば，「し」から始まる食べ物をお題にするなら「塩」など調味料を含めるかどうかがゲーム中に質問として出てくることがあるので前もって決めておくとスムーズに進めることができる。

5．アレンジするなら
- お題を言葉でなく絵で表現する。

アクティビティ
14

「心は1つ　協力紙飛行機」

協調するスキル
難易度：☆☆

1．人数
- 2人〜（1ペア2人でグループ対抗戦可）

2．用意するもの
- 折り紙
- 折り方の説明が記載されたマニュアル

3．手順
① 参加者で2人1組のペアを作る。
② ペアの人がそれぞれ，左右どちらか1つの手だけを使う。
③ 折り方の説明を見ながら，2人で協力して飛行機を折る。
④ 飛行機ができあがったら，飛ばして距離を競争する。

4．配慮すること
- 各ペアを巡回し，どうしてもうまくできない場合は補助をする。

5．アレンジするなら
- 飛行機よりもむずかしいものを一緒に折る。
- 折り方の説明なしでどちらか1人が言葉だけで説明をする。あとの1人がそれに従って折る。

アクティビティ **15**

わかりやすく伝えるスキル
難易度：☆☆

「最後まで伝わるかな？ 伝言ゲーム」

1. 人数
   - 3人〜（1グループ3〜5人で対抗戦可）

2. 用意するもの
   - 言葉を書いたカード

3. 手順
   ① 参加者をグループに分け，それぞれ一列に並ぶ（1グループ3〜5人程度にし，可能なら2グループ以上作る）。
   ② 伝言を伝える人と伝えられる人以外は口の動きが見えないように後ろを向いておく。
   ③ 1番目の人にカードを見せ，カードに書いてある言葉を，音は発することなく，口の動きだけで次の人に伝える。2番目以降の人も同様の方法で行い，最後の人まで伝言する。
   ④ 最後の人は順番に伝言された言葉を発表し，カードに書いてある言葉と比較する。

4. 配慮すること
   - 職員もグループの中に入って参加する（うまく伝えることができない人の間に入ったり，異性との接触に抵抗のある人の間に入る）。

5. アレンジするなら
   - 伝言内容を伝える方法を変える。
     例：1番目の人にカードを見せ，カードに書いてある言葉を次の人の手のひらに指で書いて伝える。2番目以降の人も同様の方法で行い，最後の人まで伝達する。
   - カードに書いてある言葉を絵で表現して伝える。
   - 少し長くてむずかしい言葉を伝言する。
   - グループの人数を増やす。

アクティビティ **16**

みんなで協力するスキル
難易度：☆☆

「みんなで数字合わせ」

1．人数
- 5人〜（1グループ5人以上で対抗戦可）

2．用意するもの
- なし

3．手順
① グループに分け，参加者全員が起立し，輪になって手をつなぐ。
② 目標となる数字（たとえば12）を決める。
③ 1，2，3のどれかの数字を1人ずつ言い，加算していく。最後の1人が数字を言ったときに目標の数字で終われたグループは「コンプリート」と大きな声で叫んで，その場に座る（最後の1人は1〜3の中で調整できる）。
④ 複数のグループで競い，決められた数字を変更することで繰り返し行う。
⑤ 制限時間内に，もっとも多く1番目のコンプリートを達成したグループの勝利となる。

4．配慮すること
- 参加者全員が手をつなぐことで一体感を生み出す効果が期待できるが，身体接触の可，不可についてあらかじめ了承してもらうことが必要。
- 誰から始めて誰で終わるのか等を決めるため，グループごとに作戦会議の時間をとる。

5．アレンジするなら
- グループに分けず，参加者全員で手をつなぎ実施する。競争ではなく，全員で行うことで達成感が生まれる。

アクティビティ **17**

わかりやすく伝えるスキル
難易度：☆☆☆

「絵しりとり」

1．人数
- 2人～（1グループ2人以上で対抗戦可）

2．用意するもの
- ホワイトボード（黒板）
- ボードマーカー（チョーク）

3．手順
① しりとりの順番を決める。
② 最初の人は職員からお題を聞き，30秒でその絵をホワイトボードに描く。
③ その後も，1人30秒ずつ，順に前に出てきて絵を描き，絵でしりとりをする。
④ しりとりをしている間は，全員無言で進める。
⑤ 最後に，絵を描いた人がそれぞれ何を描いたか発表し，しりとりができているかを確認する。

4．配慮すること
- 集団の前に出ることがむずかしい場合は，ホワイトボードを使ってしりとりをするのではなく，手元に紙をおいて，紙を使ってしりとりをするという方法をとってもよい。

5．アレンジするなら
- しりとりをするテーマを決めてもよい。たとえば，「動物」「果物」など。

アクティビティ **18**　「感覚伝言ゲーム」

わかりやすく伝えるスキル
難易度：☆☆☆

1．人数
- 4人～（1グループ4人以上で対抗戦可）

2．用意するもの
- 指示をするためのメモ，ペン
- 発表用のホワイトボード（紙），ペン

3．手順
① グループごとに1列に並ぶ。
② 「声を出してはいけません」と伝える。
③ 1番先頭の人を少し離れたところに呼び，指定の絵を見せる。
④ 1番の人が列に戻り，2番の人の背中に指を使って1番の人が伝言する内容を絵で描く。
⑤ 2番の人が3番の人の背中に絵を描く。それを最終の人まで続ける。
⑥ 最終の人は他グループに見えないように，伝言された絵をホワイトボード（紙）に描く。
⑦ すべてのグループが出揃ったら一斉にオープン。
⑧ グループごとに最終の人が何を描いたか聞き，順番にさかのぼって何を描いたか聞く。
⑨ 1番の人が（いくつもグループがある場合は「せーの」で一斉に）答えを発表する。

4．配慮すること
- 接触があるので，接触を嫌がる人には無理強いせず，高年齢の場合はグループを性別で分けるなどする。
- 絵の上手下手を気にする人もいるが，伝言のプロセスを楽しめるように盛り上げる。

5．アレンジするなら
- 絵のかわりに文字や数字にする。

アクティビティ **19**

質問するスキル，推理するスキル
難易度：☆☆☆

「わたしは誰でしょう？」

1．人数
- 4人〜

2．用意するもの
- 単語カード（人数分，それぞれ違う単語が書かれたもの）
- ガムテープ

3．手順
① 1人1枚，単語カード（たとえば，くだものや動物の名前）を配る。そのカードは誰にも見せてはいけない。
② 自分の持っているカードを隣の人の背中に貼る。本人にはカードが見えないように気をつける。
③ 自由に歩きまわり，出会った人に「私はこういうものですが……」と背中を見せ合う。
④ 「はい・いいえ」で答えられる質問をそれぞれ1つずつして，背中に貼ってある単語のヒントを得る（たとえば「私は黄色ですか？」と尋ねる）。
⑤ その後も，相手を変えてどんどん質問をする。
⑥ 自分のカードに何が書かれているかわかったら，職員のところにいき，「私は○○ですか？」と聞く。正解した人から座る。

4．配慮すること
- 各カードの難易度が同程度になるようにする。質問するのがむずかしい場合には，一緒に質問内容を考えるなどの配慮をし，なるべく多くの人と交流できるように促す。
- どのような質問をすれば正解に近づけるかを考え，工夫することが必要となる。

5．アレンジするなら
- 単語カードの内容によって難易度が変わる。
- 「野菜」「芸能人」など，単語のテーマを決めて行った方が，推理が進みやすい。

アクティビティ **20**　「わたしの履歴書」

推理するスキル
難易度：☆☆☆

1．人数
- 4人〜

2．用意するもの
- A4程度の紙（人数分）
- マジックペン（人数分）

3．手順
① 自分が過去に経験したことを4つ（趣味，出来事等，なんでも）記入する。ただし，そのうちの1つはそれぞれが考えた嘘の経験を必ず書く。
② 1人ずつ記入した4つの経験を発表し，他の参加者は嘘だと思う経験を選んで挙手する。
③ 1人ずつ嘘の経験を発表する。

4．配慮すること
- 他人に公表してもよいと思う経験を書くように促す。

5．アレンジするなら
- グループ対抗戦にし，相手グループの嘘をどれくらい見破れるかを競争する。
- 書いた経験についての質問タイムを設ける。

アクティビティ **21**

「図形伝達ゲーム」

わかりやすく伝えるスキル
難易度：☆☆☆

1．人数
- 3人〜（1グループ3〜5人で対抗戦可）

2．用意するもの
- 課題の絵（グループ間で共通）
- いろいろな色のペン
- 画用紙

3．手順
① 3〜5人で1つのグループを作る（グループのうち1人は絵を描く人，その他は絵についての情報を伝達する人）。
② 情報を伝達する人が1人ずつ，部屋の前に置いてある課題の絵を見に行く（他の参加者からは見えない場所）。
③ グループのいる場所に戻り，見た絵の特徴について，絵を描く人に伝える。
④ 絵を描く人が情報をもとにして，課題の絵と同じになるように絵を描く。
⑤ 時間制限は5分間で，その間は情報伝達の人は順番に何回絵を見に行ってもよい。ただし，1人が連続では見に行けない。
⑥ 最後に課題の絵とできあがった絵を見比べる。グループが複数の場合は，それぞれのグループの絵を発表して比較し合う。

4．配慮すること
- 情報の伝え方がわからない人がいたら，ヒントを与える（形は？ 大きさは？ 場所は？ など）。

5．アレンジするなら
- 課題の絵の難易度を対象者によって調整する。

アクティビティ **22**

「伝言レゴゲーム」

わかりやすく伝えるスキル
難易度：☆☆☆

1．人数
- 3人～（1グループ3～5人で対抗戦可）

2．用意するもの
- モデルのレゴ
- モデルのレゴと同じだけのレゴピース

3．手順
① 参加者を3～5人のグループに分ける。
② モデルとなる組み立て済みのレゴをついたての後ろにおく。
③ グループの中でモデルのレゴを見に行く順番を決める。
④ 1番の人はモデルのレゴを見に行き，次の人にモデルのレゴがどのように組み立てられていたかを伝える。
⑤ 次の人は，聞いたとおりにレゴを組み立てる（約1分間）。
⑥ 1分後，今組み立てた人が，モデルのレゴを見に行き，次の人へ伝える。
⑦ 順番交代しながら④～⑥の流れを制限時間が終わるまで繰り返す。
⑧ 制限時間になり，グループごとに完成したレゴとモデルのレゴとを並べて比べてみる。

4．配慮すること
- どのように組み立てられているのかについて，伝え方がわからない人がいたら，補助者からヒントを与える（形は？　大きさは？　場所は？　など）。

5．アレンジするなら
- モデルのレゴの難易度を対象者によって調整する。
- 2人ペアでの対抗戦にし，タイムを競う。

アクティビティ
23 「合体漢字ゲーム」

みんなで協力するスキル
難易度：☆☆☆

1．人数
- 4人〜（1グループ2〜3人で対抗戦可）

2．用意するもの
- 紙に漢字の部首を書いたもの（口・力・木・田・日・十・月・門・心・矢）

3．手順
① 部屋にあらかじめ10枚の漢字の部首を書いた紙を隠しておく。
② 2グループに分ける。
③ ルールを説明する。
- 漢字カードは見つけても動かさない．メモすることはOK。
- 「あった！」等言ってしまうと相手グループにカードのありかがばれてしまうので注意。
- 集まった漢字カードの漢字を2つ以上組み合わせて「合体漢字」を作る。
- 漢字カードは何回使ってもよい。たとえば，「木」を一枚見つければ，「森」と「林」にしてもよい。
- なるべく多くの合体漢字を作り，紙に書き出す。
④ 紙を探し，部首を組み合わせて「合体漢字」を作る（10分間）。
⑤ 合体漢字を多く作ったグループが勝ち。

4．配慮すること
- 職員も参加し，漢字の作成が困難な場合はヒントを与える。

5．アレンジするなら
- アルファベットを1文字ずつ書いた紙を用い，「合体英単語ゲーム」にする。

引 用 文 献

安藤明人・曽我祥子・山崎勝之・島井哲志・嶋田洋徳・宇津木成介・大芦治・坂井明子　1999　日本版 Buss-Perry 攻撃性質問紙（BAQ）の作成と妥当性，信頼性の検討　心理学研究　**70**，384-392.

江村理奈・岡安孝弘　2003　中学校における集団社会的スキル教育の実践的研究　教育心理学研究，**51**，339-350.

Gresham, F. M. 1981 Assessment of children's social skills. *Journal of School Psychology*, **19**, 120-133.

橋本剛　2000　大学生における対人ストレスイベントと社会的スキル・対人方略の関連　教育心理学研究，**48**，94-102.

服部隆志・福井智子・塩見沙織・大対香奈子　2010　青年期の不登校・ひきこもり児童への SST の実践（3）——SST の効果について　日本心理臨床学会第29回大会発表論文集，445.

服部隆志・奥野美和子・木口祥孝・津崎陽子・佐々木亮人・髙坂真理子・木野知子・大対香奈子　2013　不登校・ひきこもり・ニートの青年への SST の実践——社会的自立を目指して　第13回日本認知療法学会，C-P-035.

服部隆志・塩見沙織・福井智子・大対香奈子　2012　青年期の不登校・ひきこもりに対する SST の実践　心理臨床学研究，**30**，513-523.

飯田順子・石隈利紀　2002　中学生の学校生活スキルに関する研究——学校生活スキル尺度（中学生版）の開発　教育心理学研究，**50**，225-236.

飯田順子・石隈利紀・山口豊一　2009　高校生の学校生活スキルに関する研究——学校生活スキル尺度（高校生版）の開発　学校心理学研究，**9**，25-35.

神山新平　2008　子どもニート，大人ニート——タイプ別脱出プログラム　草思社：東京.

小林正幸・鈴木聡志・庄司一子　1990　社会的スキルの内容——思春期から青年期　日本行動療法学会大会発表論文集，**16**，8-9.

松永真由美・岩元澄子　2008　現代青年の友人関係に関する研究　久留米大学心理学研究，**7**，77-86.

松尾直博・新井邦二郎　1998　児童の対人不安傾向と公的自己意識　対人的自己効力感との関係　教育心理学研究，**46**，21-30.

村田豊久・清水亜紀・森陽二郎・大島祥子　1996　学校における子どものうつ病——Birleson の小児期うつ病スケールからの検討　最新精神医学，**1**，131-138.

中園尚武・野島一彦　2003　現代大学生における友人関係への態度に関する研究——友人関係に対する「無関心」に注目して　九州大学心理学研究，**4**，325-334.

小野昌彦　2006a　SST による不登校への対応　佐藤正二・佐藤容子（編）学校における SST 実践ガイド　子どもの対人スキル指導　金剛出版：東京，pp. 129-143.

小野昌彦　2006b　不登校ゼロの達成　明治図書：東京.

小野昌彦・小林重雄　2002　中学生不登校の再登校行動維持への主張的スキル訓練　特殊教育学研

究, **40**, 355-362.

大対香奈子 2011 高校生の学校適応と社会的スキルおよびソーシャルサポートとの関連――不登校生徒との比較 近畿大学総合社会学部紀要, **1**, 23-33.

大月友・青山恵加・伊波みな美・清亜子・中野千尋・宮村忠伸・杉山雅彦 2006 アスペルガー障害をもつ不登校中学生に対する社会的スキル訓練――社会的相互作用の改善を目指した介入の実践 行動療法研究, **32**, 131-142.

Parker, J. G., & Asher, S. R. 1987 Peer relations and later personal adjustment: Are low-accepted children at risk? *Psychological Bulletin*, **102**, 357-389.

佐藤正二・佐藤容子（編） 2006 学校におけるSST実践ガイド 子どもの対人スキル指導 金剛出版：東京.

嶋田洋徳・戸ヶ崎泰子・岡安孝弘・坂野雄二 1996 児童の社会的スキル獲得による心理的ストレス軽減効果 行動療法研究, **22**, 9-20.

下権谷久和・菅原正和 2005 現代日本の高校生における対人関係特性――40年前との比較 岩手大学教育学部付属教育実践総合センター研究紀要, **4**, 157-168.

東海林渉・安達知郎・高橋恵子・三船奈緒子 2012 中学生用コミュニケーション基礎スキル尺度の作成 教育心理学研究, **60**, 137-152.

曽山和彦・本間恵美子・谷口清 2004 不登校中学生のセルフエスティーム，社会的スキルがストレス反応に及ぼす影響 特殊教育学研究, **42**, 23-33.

戸ヶ崎泰子・坂野雄二 1997 母親の養育態度が小学生の社会的スキルと学校適応におよぼす影響 教育心理学研究, **45**, 173-182.

戸ヶ崎泰子・岡安孝弘・坂野雄二 1997 中学生の社会的スキルと学校ストレスとの関係 健康心理学研究, **10**, 23-32.

戸ヶ崎泰子・佐藤正二・佐藤容子 2005 思春期・青年期の抑うつとストレス及び社会的スキルとの関係 日本教育心理学会総会発表論文集, **47**, 631.

朝重香織・小椋たみ子 2001 不登校の心理について――普通学校中学生との比較から 神戸大学発達科学部研究紀要, **8**, 1-12.

上野一彦・岡田智 2006 特別支援教育 実践ソーシャルスキルマニュアル 明治図書：東京.

渡部麻美 2009 高校生における主張性の4要件と精神的適応との関連 心理学研究, **80**, 48-53.

山口豊一・飯田順子・石隈利紀 2005 小学生の学校生活スキルに関する研究――学校生活スキル尺度（小学生版）の開発 学校心理学研究, **5**, 49-58.

山本真理子・松井豊・山成由紀子 1982 認知された自己の諸側面 教育心理学研究, **30**, 64-68.

山下みどり・清原浩 2004 高校生にみる不登校傾向に関する研究――意識調査を通して 鹿児島大学教育学部教育実践研究紀要, **14**, 21-38.

おわりに

　本書は大阪府立子どもライフサポートセンターで7年間実践してきたSST（ソーシャルスキルトレーニング）の集大成となるものです。当センターでは，毎年，参加者の特徴に合わせて新たな試みを導入していますが，現在は「社会や人とのつながりをつくる」「自分の気持ちと上手につきあう」の2つを大きなテーマとしています。これまでさまざまな標的スキルを設定しており，今回はなかでも「関係開始スキル」「伝えるスキル」「断るスキル」「怒りや抑うつとつきあうスキル」「面接スキル」の計21セッションで構成されています。

　本書は，当センターで7年間蓄積してきたマニュアル（シナリオ）をオープンにして，現場の方に役立ててもらうことを目的に企画されました。そのために，現場での使いやすさを最優先に考えて作りました。また，グループでの集団SSTを念頭に置いていますが，1対1での個別SSTにも応用可能です。一般の小学校，中学校，高等学校はもちろん，特別支援教育や適応指導教室，児童福祉分野など，さまざまな場で活用してもらえればと思います。各セッションでどのように工夫していくのかを補足説明していますが，それぞれの参加者の特徴や現場の状況に応じて柔軟に実施してください。SSTを続けていくと，対人関係が苦手な子どもにとって，SSTが助けになることを実感できるでしょう。そして，本書を刺激として新たな内容が実践され，参加者の適応によりつながるSST技法が蓄積されれば幸いです。

　今回の企画は荒木敏宏所長の提案により始まったものでした。著者以外にも，箱嶋雄一さん，稲田智さんには導入の時期に尽力いただき，塩見沙織さん，河瀬真伊さんには，セッション実施の主要な役割を担っていただきました。あわせて，その他の当センターの職員の方々の協力にも感謝申し上げます。また，編集部の丸山碧さんのご助力なしには本書は成り立ちませんでした。改めてお礼を申し添えます。

2014年8月

著者を代表して
服部　隆志

《執筆者紹介》（執筆順，＊は編著者）

荒木　敏宏（あらき・としひろ）　　　　はじめに
　　執筆時　大阪府立子どもライフサポートセンター所長
　　現　在　関西福祉科学大学心理科学部心理科学科教授

＊大対香奈子（おおつい・かなこ）　　　本書の特徴，本書の構成と使い方，理論編　1-1〜3，2-3
　　現　在　近畿大学総合社会学部総合社会学科心理系専攻准教授

奥野美和子（おくの・みわこ）　　　本書の特徴，実践編
　　執筆時　大阪府立子どもライフサポートセンター主査
　　現　在　大阪府障がい福祉室地域生活支援課課長

＊服部　隆志（はっとり・たかし）　　　理論編　1-4，2-2〜3，実践編，おわりに
　　執筆時　大阪府東大阪子ども家庭センター主査，児童心理司
　　現　在　大阪府貝塚子ども家庭センター児童心理司

福井　智子（ふくい・ともこ）　　　理論編　2-1，実践編
　　執筆時　大阪府東大阪子ども家庭センター児童心理司
　　現　在　大阪府中央子ども家庭センター児童心理司

木口　祥孝（きぐち・よしたか）　　　実践編
　　執筆時　大阪府立子どもライフサポートセンター主査
　　現　在　泉大津市社会福祉協議会精神保健福祉士

舩津真理子（ふなつ・まりこ）　　　実践編
　　執筆時　大阪府立子どもライフサポートセンター
　　現　在　能勢町福祉部福祉課社会福祉士

佐々木亮人（ささき・あきひと）　　　実践編
　　執筆時　大阪府立子どもライフサポートセンター
　　現　在　大阪府中央子ども家庭センター児童福祉司

津崎　陽子（つざき・ようこ）　　　実践編
　　執筆時　大阪府立子どもライフサポートセンター
　　現　在　大阪府福祉部障がい福祉室生活基盤推進課精神保健福祉士

和田　卓也（わだ・たくや）　　　実践編
　　執筆時　大阪府立子どもライフサポートセンター
　　現　在　大阪府富田林子ども家庭センター児童心理司

《編者紹介》

大阪府立子どもライフサポートセンター

大阪府堺市にある，中学校卒業から18歳までの社会的養護（虐待・家庭内暴力・不登校・ひきこもり等様々なニーズに対する支援）が必要な児童に，進学や就職など社会的な自立に向けた支援を行う児童福祉法に基づく大阪府立の児童自立支援施設。基本的生活習慣や生活リズムを獲得し，自立に向けた生活意欲を引き出す自立支援課，学力や希望を踏まえ高校・大学受験を支援したり，高校通学に係る調整・支援をする学習支援課，職業適性や希望を踏まえ，職業訓練を行い就労に向けた支援を行う職業支援課からなる。

服部　隆志（はっとり・たかし）

2005年　川崎医療福祉大学大学院医療福祉学研究科臨床心理学専攻修士課程修了
現　在　大阪府貝塚子ども家庭センター児童心理司
主　著　『虐待を受けた子どものアセスメントとケア』（編著）誠信書房，2021年
　　　　『虐待を受けた子どものアセスメントとケア　2』（編著）誠信書房，2024年

大対香奈子（おおつい・かなこ）

2007年　関西学院大学大学院文学研究科心理学専攻博士課程後期課程修了
　　　　博士（心理学）取得
現　在　近畿大学総合社会学部総合社会学科心理系専攻准教授
主　著　『学校全体で取り組むポジティブ行動支援スタートガイド』（共著）ジアース教育新社，2023年
　　　　『日本の心理教育プログラム――心の健康を守る学校教育の再生と未来』（共著）福村出版，2022年
　　　　「小学校における学校規模ポジティブ行動支援の第1層支援が児童および教師に及ぼす効果」（共著）LD研究，**31**(4)，310-322，2022年

このまま使える！
子どもの対人関係を育てる SST マニュアル
――不登校・ひきこもりへの実践にもとづくトレーニング――

2014年9月30日　初版第1刷発行　　〈検印省略〉
2025年7月30日　初版第2刷発行

定価はカバーに表示しています

編　者　大阪府立子どもライフサポートセンター
　　　　服　部　隆　志
　　　　大　対　香奈子
発行者　杉　田　啓　三
印刷者　坂　本　喜　杏

発行所　株式会社　ミネルヴァ書房
　　　　607-8494　京都市山科区日ノ岡堤谷町1
　　　　電話代表　(075)581-5191
　　　　振替口座　01020-0-8076

© 大阪府立子どもライフサポートセンター・服部・大対，2014
冨山房インターナショナル・新生製本

ISBN 978-4-623-07141-8
Printed in Japan

学校を「より楽しく」するための応用行動分析 ――「見本合わせ」から考える特別支援教育 　　武藤崇 監修／坂本真紀 著	Ｂ５判　216頁 本　体　3000円
ロールプレイで学ぶ 教育相談ワークブック ――子どもの育ちを支える 　　向後礼子・山本智子 著	Ｂ５判　162頁 本　体　2000円
出会いなおしの教育 ――不登校をともに生きる 　　春日井敏之・近江兄弟社高等学校単位制課程 編	Ａ５判　236頁 本　体　2000円
不登校・ひきこもりと居場所 　　忠井俊明・本間友巳 編著	Ａ５判　272頁 本　体　2400円

子どもの人間関係能力を育てる SEL-8S

①社会性と情動の学習（SEL-8S）の導入と実践 　　小泉令三 著	Ｂ５判　192頁 本　体　2400円
②社会性と情動の学習（SEL-8S）の進め方　小学校編 　　小泉令三・山田洋平 著	Ｂ５判　360頁 本　体　2400円
③社会性と情動の学習（SEL-8S）の進め方　中学校編 　　小泉令三・山田洋平 著	Ｂ５判　248頁 本　体　2400円

――― ミネルヴァ書房 ―――
https://www.minervashobo.co.jp/